Okusi Indije

Raznolikost Arom in Okusov

Priya Joshi

Vsebino

Polnjeni jajčevci 18
    sestavine 18
    Metoda 18

Sarson ka Saag 19
    sestavine 19
    Metoda 20

Shahi Paneer 21
    sestavine 21
    Metoda 22

Tandoori krompir 23
    sestavine 23
    Metoda 23

Koruzni curry 25
    sestavine 25
    Metoda 26

Masala zelenega popra 27
    sestavine 27
    Metoda 28

Bučke brez olja 29
    sestavine 29
    Metoda 29

Okra z jogurtom 30

  sestavine 30

  Metoda 31

Karela sote 32

  sestavine 32

  Metoda 33

Zelje z grahom 34

  sestavine 34

  Metoda 34

Krompir v paradižnikovi omaki 35

  sestavine 35

  Metoda 35

Matar Palak 36

  sestavine 36

  Metoda 37

Zelje Masala 38

  sestavine 38

  Metoda 39

Kari iz jajčevca 40

  sestavine 40

  Metoda 41

Simla Mirch ka Bharta 42

  sestavine 42

  Metoda 43

Quick Bottle Gourd Curry 44

  sestavine 44

  Metoda 44

Kaala Chana Curry 45

sestavine 45

    Metoda 46

Kalina 47

    sestavine 47

    Metoda 48

Tandoori cvetača 49

    sestavine 49

    Metoda 49

Začinjena Kaala Chana 50

    sestavine 50

    Metoda 51

Dhal Kofta Tour 52

    sestavine 52

    Metoda 52

Cvetača Šahi 53

    sestavine 53

    Metoda 54

Okra Gojju 55

    sestavine 55

    Metoda 55

Jam v zeleni omaki 56

    sestavine 56

    Za omako: 56

    Metoda 57

Simla Mirch ki Sabzi 58

    sestavine 58

    Metoda 59

Cvetačni kari 60
    sestavine 60
    Metoda 60
haha 61
    sestavine 61
    Metoda 62
Posušena cvetača 63
    sestavine 63
    Metoda 63
Zelenjavna korma 64
    sestavine 64
    Metoda 65
Ocvrt jajčevec 66
    sestavine 66
    Za marinado: 66
    Metoda 66
Rdeči paradižnikov curry 67
    sestavine 67
    Metoda 68
Aloo Matar Curry 69
    sestavine 69
    Metoda 70
Badshahi Baingan 71
    sestavine 71
    Metoda 72
Krompir v Garam Masali 73
    sestavine 73

Metoda 73
tamilska korma 74
    sestavine 74
    Za mešanico začimb: 74
    Metoda 75
Posušeni jajčevci s čebulo in krompirjem 76
    sestavine 76
    Metoda 76
Koftas Lajawab 77
    sestavine 77
    Za kofte: 77
    Metoda 78
Teekha Baingan Masala 79
    sestavine 79
    Metoda 79
Zelenjavna kofta 80
    sestavine 80
    Metoda 81
Posušena buča 82
    sestavine 82
    Metoda 82
Mešana zelenjava s triplatom 83
    sestavine 83
    Metoda 84
Dum Gobhi 85
    sestavine 85
    Metoda 85

Chhole 86
    sestavine 86
    Metoda 87
Kari iz jajčevcev s čebulo in krompirjem 88
    sestavine 88
    Metoda 89
Preprosta steklena buča 90
    sestavine 90
    Metoda 90
Mešani zelenjavni curry 91
    sestavine 91
    Metoda 92
Mešana posušena zelenjava 93
    sestavine 93
    Metoda 94
Posušen krompir in grah 95
    sestavine 95
    Metoda 95
Dhokar Dhalna 96
    sestavine 96
    Metoda 97
Začinjen krompirček 98
    sestavine 98
    Metoda 98
Buča s kuhanim gramom 99
    sestavine 99
    Metoda 100

Dum Aloo 101
    sestavine 101
    Za pasto: 101
    Metoda 102
Zelenjavna Makkhanwala 103
    sestavine 103
    Metoda 103
Francoski fižol z Mung Dhalom 105
    sestavine 105
    Metoda 105
Pikanten krompir z jogurtovo omako 106
    sestavine 106
    Metoda 107
Polnjena zelena paprika 108
    sestavine 108
    Metoda 109
Dva Phulkopi Aloo 110
    sestavine 110
    Metoda 111
Zeleni poper z Besanom 112
    sestavine 112
    Metoda 112
Jajčevci z grahom 113
    sestavine 113
    Metoda 114
Bandakopir Ghonto 115
    sestavine 115

Metoda 116
Začel je Bhaja Mashlar 117
    sestavine 117
    Metoda 117
Zunka 118
    sestavine 118
    Metoda 118
Repni curry 120
    sestavine 120
    Metoda 121
Chhaner Dhalna 122
    sestavine 122
    Metoda 123
Koruza s kokosom 124
    sestavine 124
    Za kokosovo pasto: 124
    Metoda 125
Zelena paprika s krompirjem 126
    sestavine 126
    Metoda 127
Začinjen grah s krompirjem 128
    sestavine 128
    Metoda 129
Pražene gobe 130
    sestavine 130
    Metoda 130
Začinjene gobe s koruzo 131

sestavine	131
Metoda	132
Začinjena posušena cvetača	133
sestavine	133
Metoda	134
Gobov kari	135
sestavine	135
Metoda	136
Baingan Bharta	137
sestavine	137
Metoda	138
Hyderabadi zelenjava	139
sestavine	139
Za mešanico začimb:	139
Metoda	140
Kaddu Bhaji*	141
sestavine	141
Metoda	142
Muthia ne Shak	143
sestavine	143
Metoda	144
Pumpkin Koot	145
sestavine	145
Metoda	146
Pasma	147
sestavine	147
Metoda	148

Doodhi Manpasand 149
    sestavine 149
    Metoda 150
Paradižnikova čoha 151
    sestavine 151
    Metoda 151
Baingan Chokha 152
    sestavine 152
    Metoda 152
Kari iz cvetače in graha 153
    sestavine 153
    Metoda 153
Aloo Methi ki Sabzi 154
    sestavine 154
    Metoda 154
Sladko-kisla karela 155
    sestavine 155
    Metoda 156
Karela Košimbir 157
    sestavine 157
    Metoda 157
Karela Curry 159
    sestavine 159
    Metoda 160
Čili cvetača 161
    sestavine 161
    Metoda 161

Curry z orehi 162
    sestavine 162
    Metoda 163
Daikon zapusti Bhaaji 164
    sestavine 164
    Metoda 164
Chhole Aloo 165
    sestavine 165
    Metoda 166
Arašidov kari 167
    sestavine 167
    Metoda 168
Upkari francoski fižol 169
    sestavine 169
    Metoda 169
Karatey Ambadey 170
    sestavine 170
    Metoda 171
Kadhai Paneer 172
    sestavine 172
    Metoda 172
Kathirikkai Vangi 173
    sestavine 173
    Metoda 174
Pitla 175
    sestavine 175
    Metoda 176

- Masala iz cvetače 177
  - sestavine 177
  - Za omako: 177
  - Metoda 178
- Shukna Kacha Pepe 179
  - sestavine 179
  - Metoda 180
- Posušena okra 181
  - sestavine 181
  - Metoda 181
- Moghlai cvetača 182
  - sestavine 182
  - Metoda 182
- Bhapa Shorshe Baingan 183
  - sestavine 183
  - Metoda 184
- Pečena zelenjava v pikantni omaki 185
  - sestavine 185
  - Metoda 186
- Okusen tofu 187
  - sestavine 187
  - Metoda 187
- Aloo Baingan 188
  - sestavine 188
  - Metoda 189
- Kari iz sladkornega graha 190
  - sestavine 190

Metoda 190
Pumpkin Curry krompir 192
    sestavine 192
    Metoda 193
Jajce Thoran 194
    sestavine 194
    Metoda 195
Baingan Lajawab 196
    sestavine 196
    Metoda 197
Zelenjavna pomlad 198
    sestavine 198
    Metoda 199
Polnjena zelenjava 200
    sestavine 200
    Za nadev: 200
    Metoda 201
Singhi Aloo 202
    sestavine 202
    Metoda 202
Sindhi Curry 203
    sestavine 203
    Metoda 204
Gulnar Kofta 205
    sestavine 205
    Za mešanico začimb: 205
    Metoda 206

Paneer Korma 207
    sestavine 207
    Metoda 208
Krompirjev čatni 209
    sestavine 209
    Metoda 210
Lobi 211
    sestavine 211
    Metoda 212
Zelenjavna Khatta Meetha 213
    sestavine 213
    Metoda 214
Dahiwale Chhole 215
    sestavine 215
    Metoda 216

Polnjeni jajčevci

Nosite 4

sestavine

10 majhnih jajčevcev

1 velika čebula, drobno sesekljana

3 žlice svežega, naribanega kokosa

1 čajna žlička mlete kumine

1 čajna žlička čilija v prahu

50 g/1¾oz listov koriandra, sesekljanih

Sok 1 limone

Sol po okusu

3 žlice rafiniranega rastlinskega olja

Metoda

- Na enem koncu vsakega jajčevca z nožem naredimo križ in ga zarežemo, drugega konca pa ne odrežemo. Dati na stran.

- Zmešajte preostale sestavine razen olja. To zmes nadevamo v narezane jajčevce.

- V ponvi segrejemo olje. Dodamo jajčevce in jih na zmernem ognju pražimo 3-4 minute. Pokrijte in kuhajte 10 minut ter jajčevce občasno previdno obrnite. Postrežemo ga vroče.

Sarson ka Saag

(Gorčica v omaki)

Nosite 4

sestavine

- 3 žlice rafiniranega rastlinskega olja
- 100 g/3½ oz gorčičnih listov, sesekljanih
- 200 g/7 oz špinače, drobno sesekljane
- 3 zelene čilije, prerezane po dolžini
- 1 cm/½ ingverjeve korenine, juliena
- 2 stroka česna, nasekljana
- Sol po okusu
- 250 ml/8 fl oz vode
- 2 žlici gheeja
- Košček masla

Metoda

- V ponvi segrejemo olje. Dodamo gorčične liste, špinačo in čili. Na srednjem ognju jih pražimo minuto.

- Dodamo ingver, česen, sol in vodo. Dobro premešamo. Pustite vreti 10 minut.

- Zmes pretlačite v mešalniku do gladkega.

- Prestavimo v ponev in na zmernem ognju kuhamo 15 minut.

- Okrasimo z maslom. Postrežemo ga vroče.

Shahi Paneer

(Paneer v bogati omaki)

Nosite 4

sestavine

4 žlice rafiniranega rastlinskega olja

Plošča 500g/1lb 2oz*, sesekljan

2 veliki čebuli, zmleti v pasto

1 čajna žlička ingverjeve paste

1 čajna žlička česnove paste

1 čajna žlička čilija v prahu

300g/10oz paradižnikove mezge

200 g/7 oz jogurta, stepenega

250 ml enojne smetane

Sol po okusu

Metoda

- V ponvi segrejte 1 žlico olja. Dodajte dele plošče. Na srednjem ognju jih pražimo toliko časa, da postanejo zlato rjave barve. Odcedimo in odstavimo.

- V isto ponev dodajte preostalo olje. Dodajte čebulo, ingverjevo pasto in česnovo pasto. Pražimo minuto. Dodajte paneer in ostale sestavine. Med občasnim mešanjem kuhamo 5 minut. Postrežemo ga vroče.

Tandoori krompir

Nosite 4

sestavine

16 velikih krompirjev, olupljenih

Rafinirano rastlinsko olje za cvrtje

3 žlice drobno sesekljanega paradižnika

1 žlica koriandrovih listov, sesekljanih

1 čajna žlička garam masala

100 g/3½oz sira čedar, nariban

Sol po okusu

Sok 2 limon

Metoda

- Odstranite krompir. Prihranite meso in izdolbene dele.

- V ponvi segrejemo olje. Dodamo pire krompir. Na srednjem ognju jih pražimo toliko časa, da postanejo zlato rjave barve. Dati na stran.

- V isto olje dodamo narezan krompir in vse preostale sestavine brez limoninega soka. Na šibkem ognju dušimo 5 minut.

- To mešanico nadevamo v izdolben krompir.

- Nadevane krompirje pečemo v pečici pri 200°C (400°F, plinska oznaka 6) 5 minut.

- Krompir pokapamo z limoninim sokom. Postrežemo ga vroče.

Koruzni curry

Nosite 4

sestavine

1 velik krompir, kuhan in pretlačen

500g/1lb 2oz paradižnikove mezge

3 žlice rafiniranega rastlinskega olja

8 curryjevih listov

2 žlici fižola*

1 čajna žlička ingverjeve paste

½ žličke kurkume

Sol po okusu

1 čajna žlička garam masala

1 čajna žlička čilija v prahu

3 žlice sladkorja

250 ml/8 fl oz vode

4 storže koruze, narezane na 3 kose in kuhane

Metoda

- Krompirjev pire dobro premešamo s paradižnikovo mezgo. Dati na stran.

- V ponvi segrejemo olje. Dodajte karijeve liste. Pustimo, da prasketajo 10 sekund. Dodajte besan pasto in ingver. Pražimo na majhnem ognju, dokler ne porjavijo.

- Dodajte mešanico krompirja in paradižnika ter vse preostale sestavine razen koruze. Pustite vreti 3-4 minute.

- Dodajte koščke koruze. Dobro premešamo. Pustite vreti 8-10 minut. Postrežemo ga vroče.

Masala zelenega popra

Nosite 4

sestavine

1½ žlice rafiniranega rastlinskega olja

1 čajna žlička garam masala

¼ čajne žličke kurkume

½ žličke ingverjeve paste

½ čajne žličke česnove paste

1 velika čebula, drobno sesekljana

1 paradižnik, drobno narezan

4 velike zelene paprike, narezane na julienne

125 g jogurta

Sol po okusu

Metoda

- V ponvi segrejemo olje. Dodajte garam masalo, kurkumo, ingverjevo pasto in česnovo pasto. To mešanico pražimo na srednjem ognju 2 minuti.

- Dodajte čebulo. Pražite, dokler ne postekleni.

- Dodajte paradižnik in zeleno papriko. Pražimo 2-3 minute. Dodajte jogurt in sol. Dobro premešamo. Kuhajte 6-7 minut. Postrežemo ga vroče.

Bučke brez olja

Nosite 4

sestavine

500 g/1 lb 2 oz maslene buče*, olupljen in narezan

2 paradižnika, drobno narezana

1 velika čebula, drobno sesekljana

1 čajna žlička ingverjeve paste

1 čajna žlička česnove paste

2 zelena čilija, drobno narezana

½ čajne žličke mletega koriandra

½ čajne žličke mlete kumine

25 g koriandrovih listov, drobno sesekljanih

120 ml/4 fl oz vode

Sol po okusu

Metoda

- Zmešajte vse sestavine. Kuhajte v ponvi na majhnem ognju 20 minut. Postrežemo ga vroče.

Okra z jogurtom

Nosite 4

sestavine

3 žlice rafiniranega rastlinskega olja

½ žličke kuminovih semen

500 g/1 lb 2 oz okra, sesekljane

½ žličke čilija v prahu

¼ čajne žličke kurkume

2 zelena čilija, prerezana po dolžini

1 čajna žlička juliena ingverja

200g/7oz jogurta

1 čajna žlička besana*, raztopite v 1 žlici vode

Sol po okusu

1 žlica koriandrovih listov, drobno sesekljanih

Metoda

- V ponvi segrejemo olje. Dodamo semena kumine. Pustite jih pršiti 15 sekund.

- Dodajte okra, čili v prahu, kurkumo, čili in ingver.

- Na majhnem ognju kuhamo 20 minut, občasno premešamo.

- Dodajte jogurt, mešanico fižola in sol. Kuhajte 5 minut.

- Okra okrasite z listi koriandra. Postrežemo ga vroče.

Karela sote

(Zagrenjena mati žena)

Nosite 4

sestavine

4 srednje velike grenčice*

Sol po okusu

1½ žlice rafiniranega rastlinskega olja

½ čajne žličke gorčičnih semen

½ žličke kurkume

½ žličke ingverjeve paste

½ čajne žličke česnove paste

2 veliki čebuli, drobno sesekljani

½ žličke čilija v prahu

¾ čajne žličke jaggerja*, smej se

Metoda

- Grenkobe olupimo in po dolžini razpolovimo. Odstranite semena in vsako polovico tanko narežite. Dodamo sol in pustimo stati 20 minut. Iztisnite vodo. Ponovno odstavite.
- V ponvi segrejemo olje. Dodajte gorčična semena. Pustite jih pršiti 15 sekund.
- Dodamo preostale sestavine in pražimo na srednji temperaturi 2-3 minute. Dodajte grenčico. Dobro premešamo. Kuhajte 5 minut na majhnem ognju. Postrežemo ga vroče.

Zelje z grahom

Nosite 4

sestavine

1 žlica rafiniranega rastlinskega olja

1 čajna žlička gorčičnih semen

2 zelena čilija, prerezana po dolžini

¼ čajne žličke kurkume

400 g/14 oz zelja, drobno sesekljanega

125 g/4½ oz svežega graha

Sol po okusu

2 žlici posušenega kokosa

Metoda

- V ponvi segrejemo olje. Dodajte gorčična semena in zelene čilije. Pustite jih pršiti 15 sekund.
- Dodajte preostale sestavine brez kokosa. Kuhajte na majhnem ognju 10 minut.
- Dodajte kokos. Dobro premešamo. Postrežemo ga vroče.

Krompir v paradižnikovi omaki

Nosite 4

sestavine

2 žlici rafiniranega rastlinskega olja

1 čajna žlička kuminovih semen

Ščepec asafetide

½ žličke kurkume

4 veliki krompirji, kuhani in narezani na kocke

4 paradižniki, drobno narezani

1 čajna žlička čilija v prahu

Sol po okusu

1 žlica koriandrovih listov, sesekljanih

Metoda

- V ponvi segrejemo olje. Dodajte semena kumine, asafetido in kurkumo. Pustite jih pršiti 15 sekund.
- Dodajte preostale sestavine razen koriandrovih listov. Dobro premešamo. Kuhajte na majhnem ognju 10 minut. Okrasite z listi koriandra. Postrežemo ga vroče.

Matar Palak

(grah in špinača)

Nosite 4

sestavine

400 g/14 oz špinače, poparjene in sesekljane

2 zelena čilija

4-5 žlic rafiniranega rastlinskega olja

1 čajna žlička kuminovih semen

1 prah asafetide

1 čajna žlička kurkume

1 velika čebula, drobno sesekljana

1 paradižnik, drobno narezan

1 velik krompir, narezan na kocke

Sol po okusu

200 g/7 oz zelenega graha

Metoda

- Špinačo in čili skupaj zmeljemo v fino pasto. Dati na stran.
- V ponvi segrejemo olje. Dodajte semena kumine, asafetido in kurkumo. Pustite jih pršiti 15 sekund.
- Dodajte čebulo. Pražimo na srednjem ognju, da postekleni.
- Dodajte preostale sestavine. Dobro premešamo. Kuhajte na majhnem ognju 7-8 minut in občasno premešajte.
- Dodajte špinačno pasto. Pustite vreti 5 minut. Postrežemo ga vroče.

Zelje Masala

(pikantno zelje)

Nosite 4

sestavine

    3 žlice rafiniranega rastlinskega olja

    1 čajna žlička kuminovih semen

    ¼ čajne žličke kurkume

    1 čajna žlička česnove paste

    1 čajna žlička ingverjeve paste

    1 velika čebula, drobno sesekljana

    1 paradižnik, drobno narezan

    ½ žličke čilija v prahu

    Sol po okusu

    400 g/14 oz zelja, drobno sesekljanega

Metoda

- V ponvi segrejemo olje. Dodamo semena kumine in kurkumo. Pustite jih pršiti 15 sekund. Dodajte česnovo pasto, ingverjevo pasto in čebulo. Na srednjem ognju pražimo 2-3 minute.
- Dodamo paradižnik, čili v prahu, sol in zelje. Dobro premešamo. Pokrijemo s pokrovko in kuhamo na majhnem ognju 10-15 minut. Postrežemo ga vroče.

Kari iz jajčevca

Nosite 4

sestavine

4 zeleni čiliji

2,5 cm/1 in ingverjeve korenine

50 g/1¾oz listov koriandra, sesekljanih

3 žlice rafiniranega rastlinskega olja

1 čajna žlička mung dhal*

1 žlička urad dhal*

1 čajna žlička kuminovih semen

½ čajne žličke gorčičnih semen

500 g majhnih jajčevcev, narezanih na 5 cm velike kose

½ žličke kurkume

1 čajna žlička tamarind paste

Sol po okusu

250 ml/8 fl oz vode

Metoda

- Zeleni čili, ingver in liste koriandra zmeljemo skupaj. Dati na stran.
- V ponvi segrejemo olje. Dodajte mung dhal, urad dhal, semena kumine in gorčična semena. Pustite jih pršiti 20 sekund.
- Dodajte preostale sestavine in čili-ingverjevo pasto. Dobro premešamo. Pokrijemo s pokrovko in med občasnim mešanjem kuhamo 10 minut. Postrežemo ga vroče.

Simla Mirch ka Bharta

(pekoča paprika)

Nosite 4

sestavine

3 srednje velike zelene paprike

3 srednje velike rdeče paprike

3 žlice rafiniranega rastlinskega olja

2 veliki čebuli, drobno sesekljani

6 strokov česna, drobno sesekljanega

2,5 cm/1 in ingverjeve korenine, drobno sesekljane

½ žličke čilija v prahu

¼ čajne žličke kurkume

2 paradižnika, sesekljana

1 čajna žlička soli

1 žlica koriandrovih listov, sesekljanih

Metoda

- Zeleno in rdečo papriko pražimo 5-6 minut. Pogosto obračajte, da zagotovite, da so enakomerno na žaru.
- Papriki olupimo zoglenelo kožo, odstranimo pecelj in semena ter narežemo na majhne koščke. Dati na stran.
- V ponvi segrejemo olje. Dodajte čebulo, česen in ingver. Na srednjem ognju jih pražimo toliko časa, da čebula porjavi.
- Dodajte čili v prahu, kurkumo, paradižnik in sol. Mešanico kuhajte 4-5 minut.
- Dodajte paprike. Dobro premešamo. Pokrijemo s pokrovko in kuhamo na majhnem ognju 30 minut.
- Zelenjavo okrasite s koriandrovimi listi. Postrežemo ga vroče.

Quick Bottle Gourd Curry

Nosite 4

sestavine

1 srednje velika steklena buča*, olupljen in narezan

1 velika čebula, drobno sesekljana

60 g/2 oz paradižnika, drobno sesekljanega

4-5 strokov česna, sesekljan

1 žlica kečapa

1 žlica suhih listov triplata

½ žličke kurkume

¼ čajne žličke sveže mletega črnega popra

2 žlici mleka

Sol po okusu

1 žlica koriandrovih listov, sesekljanih

Metoda

- Vse sestavine, razen koriandrovih listov, kuhamo v ponvi na zmernem ognju 20 minut in občasno premešamo. Pokrijemo s pokrovom.
- Mešanico dobro premešajte. Okrasite z listi koriandra. Postrežemo ga vroče.

Kaala Chana Curry

(Carry s črno čičeriko)

Nosite 4

sestavine

250g/9oz kaala chana*, namočeno čez noč

Ščepec sode bikarbone

Sol po okusu

1 liter/1¾ litra vode

1 majhna čebula

2,5 cm/1 in ingverjeve korenine

1 žlica gheeja

1 paradižnik, narezan na kocke

½ žličke kurkume

½ žličke čilija v prahu

8-10 curryjevih listov

1 žlica tamarind paste

Metoda

- Chano zmešajte s sodo bikarbono, soljo in polovico vode. V ponvi na srednjem ognju kuhamo 45 minut. Pretlačite in odstavite.
- Čebulo in ingver zmeljemo v pasto.
- V ponvi segrejte ghee. Dodamo čebulno-ingverjevo pasto in pražimo do rjave barve.
- Dodajte mešanico chana in preostale sestavine. Dobro premešamo. Kuhajte 8-10 minut, občasno premešajte. Postrežemo ga vroče.

Kalina

(zelenjavna mešanica v mleku)

Nosite 4

sestavine

750 ml/1¼ litra mleka

2 nezreli banani, očiščeni in narezani

250 g/9 oz maslene buče*, sesekljan

100 g/3½ oz zelja, narezanega

2 paradižnika, sesekljana

1 velika zelena paprika, sesekljana

1 čajna žlička tamarind paste

1 čajna žlička mletega koriandra

1 čajna žlička mlete kumine

2 žlici čilija v prahu

2 žlici jaggerja*, smej se

100 g/3½ oz koriandrovih listov, drobno narezanih

2 žlici khoya*

Sol po okusu

1 žlica koriandrovih listov, drobno sesekljanih

Metoda

- V ponvi na srednjem ognju segrevajte mleko, dokler ne začne vreti. Dodamo banano in stekleno bučo. Dobro premešamo. Kuhajte 5 minut.
- Dodajte preostale sestavine razen koriandrovih listov. Dobro premešamo. Pustite vreti 8-10 minut, pogosto mešajte.
- Kalino okrasite s koriandrovimi listi. Postrežemo ga vroče.

Tandoori cvetača

Nosite 4

sestavine

1½ žličke čilija v prahu

1½ žličke garam masale

Sok 2 limon

100 g jogurta

Črna sol po okusu

1 kg cvetov cvetače

Metoda

- Zmešajte vse sestavine razen cvetače. Nato s to mešanico marinirajte cvetačo 4 ure.
- Pečemo v predhodno ogreti pečici na 200°C (400°F, plinska oznaka 6) 5-7 minut. Postrežemo ga vroče.

Začinjena Kaala Chana

Nosite 4

sestavine

500g/1lb 2oz kaala chana*, namočeno čez noč

500 ml/16 fl oz vode

Sol po okusu

3 žlice rafiniranega rastlinskega olja

Ščepec asafetide

½ čajne žličke gorčičnih semen

1 čajna žlička kuminovih semen

2 nageljnove žbice

1 cm/½ v cimetu

¼ čajne žličke kurkume

1 čajna žlička mletega koriandra

1 čajna žlička mlete kumine

½ čajne žličke garam masale

1 čajna žlička tamarind paste

1 žlica koriandrovih listov, sesekljanih

Metoda

- Chano kuhajte z vodo in soljo v ponvi na zmernem ognju 20 minut. Dati na stran.
- V ponvi segrejemo olje. Dodajte asafetido in gorčična semena. Pustite jih pršiti 15 sekund. Dodajte kuhano čano in preostale sestavine razen koriandrovih listov. Pustite vreti 10-15 minut.
- Začinjeno kaala chana okrasite s koriandrovimi listi. Postrežemo ga vroče.

Dhal Kofta Tour

(Razdeljeni gramski paradižnikovi cmoki)

Nosite 4

sestavine

600g/1lb 5oz masoor dhal*, namočeno čez noč

3 zeleni čiliji, drobno narezani

3 žlice narezanih listov koriandra

60 g/2 oz naribanega kokosa

3 žlice semen kumine

Ščepec asafetide

Sol po okusu

Rafinirano rastlinsko olje za globoko cvrtje

Metoda

- Dhal operemo in grobo zmeljemo. S preostalimi sestavinami, razen olja, dobro pregnetite, dokler ne nastane mehko testo. Nalomite kroglice v velikosti oreha.
- V ponvi segrejemo olje. Dodamo polpete in jih na majhnem ognju pražimo do zlato rjave barve. Kofte odcedimo in vroče postrežemo.

Cvetača Šahi

(Bogata cvetača)

Nosite 4

sestavine

8 strokov česna

2,5 cm/1 in ingverjeve korenine

½ žličke kurkume

2 veliki čebuli, naribani

4 žlice maka

2 žlici gheeja

200 g/7 oz jogurta, stepenega

5 paradižnikov, drobno narezanih

200 g/7 oz konzerviranega graha

1 čajna žlička sladkorja

2 žlici sveže smetane

Sol po okusu

250 ml/8 fl oz vode

500 g/1 lb 2 oz cvetov cvetače, pražene

8 majhnih krompirjev, ocvrtih

Metoda

- Česen, ingver, kurkumo, čebulo in mak skupaj zmeljemo v fino pasto. Dati na stran.
- V ponvi segrejte 1 žlico gheeja. Dodamo pasto iz makovega semena. Pražimo 5 minut. Dodajte preostale sestavine, brez cvetače in krompirja. Kuhajte na majhnem ognju 4 minute.
- Dodamo cvetačo in krompir. Kuhajte 15 minut in postrezite vroče.

Okra Gojju

(kompot iz bamije)

Nosite 4

sestavine

500g/1lb 2oz okra, narezana

Sol po okusu

2 žlici rafiniranega rastlinskega olja plus dodatek za cvrtje

1 čajna žlička gorčičnih semen

Ščepec asafetide

200g/7oz jogurta

250 ml/8 fl oz vode

Metoda

- Zmešajte okra s soljo. V kozici segrejte olje in na zmernem ognju prepražite okra do zlato rjave barve. Dati na stran.
- Segrejte 2 žlici olja. Dodajte gorčico in asafetido. Pustite jih pršiti 15 sekund. Dodamo okra, jogurt in vodo. Dobro premešamo. Postrežemo ga vroče.

Jam v zeleni omaki

Nosite 4

sestavine

300 g/10 oz jama*, na tanke rezine

1 čajna žlička čilija v prahu

1 čajna žlička amchoorja*

½ čajne žličke mletega črnega popra

Sol po okusu

Rafinirano rastlinsko olje za globoko cvrtje

Za omako:

400 g/14 oz špinače, sesekljane

100 g/3½ oz maslene buče*, smej se

Ščepec sode bikarbone

3 zeleni čiliji

2 žlici polnozrnate moke

Sol po okusu

3 žlice rafiniranega rastlinskega olja

1 cm/½ ingverjeve korenine, juliena

1 majhna čebula, drobno sesekljana

Ščepec mletega cimeta

Ščepec mletih nageljnovih žbic

Metoda

- Rezine jama zmešajte s čilijem v prahu, amčorom, poprom in soljo.
- V ponvi segrejemo olje. Dodajte rezine jama. Na srednjem ognju jih pražimo toliko časa, da postanejo zlato rjave barve. Odcedimo in odstavimo.
- Za omako zmešajte špinačo, masleno bučo in sodo bikarbono. Para (glej kuharske tehnike) zmes v parni pečici na srednji temperaturi 10 minut.
- To mešanico skupaj z zelenimi čiliji, moko in soljo zmeljemo v napol gladko pasto. Dati na stran.
- V ponvi segrejemo olje. Dodajte ingver in čebulo. Na srednjem ognju pražimo toliko časa, da čebula porjavi. Dodamo mleti cimet, mlete nageljnove žbice in mešanico špinače. Dobro premešamo. Kuhajte na srednjem ognju 8-10 minut, občasno premešajte.
- Tej zeleni omaki dodajte jam. Dobro premešamo. Pokrijte s pokrovko in kuhajte 4-5 minut. Postrežemo ga vroče.

Simla Mirch ki Sabzi

(posušena zelena paprika)

Nosite 4

sestavine

2 žlici rafiniranega rastlinskega olja

2 veliki čebuli, drobno sesekljani

¾ čajne žličke ingverjeve paste

¾ čajne žličke česnove paste

1 čajna žlička mletega koriandra

¼ čajne žličke kurkume

½ čajne žličke garam masale

½ žličke čilija v prahu

2 paradižnika, drobno narezana

Sol po okusu

4 velike zelene paprike, sesekljane

1 žlica koriandrovih listov, drobno sesekljanih

Metoda

- V ponvi segrejemo olje. Dodajte čebulo, ingverjevo pasto in česnovo pasto. Na srednjem ognju pražimo toliko časa, da čebula porjavi.
- Dodajte vse preostale sestavine razen koriandrovih listov. Dobro premešamo. Zmes pražimo na majhnem ognju 10-15 minut.
- Okrasite z listi koriandra. Postrežemo ga vroče.

Cvetačni kari

Nosite 4

sestavine

3 žlice rafiniranega rastlinskega olja

1 čajna žlička kuminovih semen

¼ čajne žličke kurkume

1 čajna žlička ingverjeve paste

1 čajna žlička mletega koriandra

1 čajna žlička čilija v prahu

200g/7oz paradižnikove mezge

1 čajna žlička sladkorja v prahu

Sol po okusu

400 g/14 oz cvetov cvetače

120 ml/4 fl oz vode

Metoda

- V ponvi segrejemo olje. Dodamo semena kumine. Pustite jih pršiti 15 sekund.
- Dodajte preostale sestavine razen vode. Dobro premešamo. Dodajte vodo. Pokrijte s pokrovko in kuhajte 12-15 minut. Postrežemo ga vroče

haha

(Carry s špinačo)

Nosite 4

sestavine

1 cm/½ ingverjeve korenine, juliena

1 čajna žlička zdrobljenih semen komarčka

2 žlici rafiniranega rastlinskega olja

2 posušena rdeča čilija

¼ čajne žličke asafetide

1 zelen čili, prerezan po dolžini

Sol po okusu

400 g/14 oz špinače, drobno sesekljane

500 ml/16 fl oz vode

Metoda

- Suha pečenka (glej[kuharske tehnike](#)) semena ingverja in komarčka. Dati na stran.
- V ponvi segrejemo olje. Dodamo rdeče čilije, asafetido, zelene čilije in sol. To zmes pražimo na srednjem ognju 1 minuto.
- Dodajte mešanico semen ingverja in koromača. Pražimo minuto. Dodamo špinačo in vodo. Pokrijte s pokrovko in kuhajte 8-10 minut. Postrežemo ga vroče.

Posušena cvetača

Nosite 4

sestavine

3 žlice rafiniranega rastlinskega olja

1 čajna žlička kuminovih semen

¼ čajne žličke kurkume

2 zelena čilija, drobno narezana

1 čajna žlička ingverjeve paste

½ čajne žličke sladkorja v prahu

400 g/14 oz cvetov cvetače

Sol po okusu

60 ml/2 fl oz vode

10 g/¼ oz koriandrovih listov, sesekljanih

Metoda

- V ponvi segrejemo olje. Dodamo semena kumine. Pustite jih pršiti 15 sekund.
- Dodajte kurkumo, zelene čilije, ingverjevo pasto in sladkor. Na srednjem ognju pražimo eno minuto. Dodamo cvetačo, sol in vodo. Dobro premešamo. Pokrijte s pokrovko in kuhajte 12-15 minut.
- Okrasite z listi koriandra. Postrežemo ga vroče.

Zelenjavna korma

(Mešanica zelenjave)

Nosite 4

sestavine

3 žlice rafiniranega rastlinskega olja

1 cm/½ v cimetu

2 nageljnove žbice

2 stroka zelenega kardamoma

2 veliki čebuli, drobno sesekljani

¼ čajne žličke kurkume

½ žličke ingverjeve paste

½ čajne žličke česnove paste

Sol po okusu

300g/10oz mešane zamrznjene zelenjave

250 ml/8 fl oz vode

1 čajna žlička makovih semen

Metoda

- V ponvi segrejemo olje. Dodajte cimet, nageljnove žbice in kardamom. Pustite jih pršiti 30 sekund.
- Dodajte čebulo, kurkumo, ingverjevo pasto, česnovo pasto in sol. Mešanico med stalnim mešanjem pražimo na zmernem ognju 2-3 minute.
- Dodajte zelenjavo in vodo. Dobro premešamo. Pokrijte s pokrovko in med občasnim mešanjem kuhajte 5-6 minut.
- Dodamo mak. Dobro premešamo. Vreti še 2 minuti. Postrežemo ga vroče.

Ocvrt jajčevec

Nosite 4

sestavine

500g/1lb 2oz jajčevcev, narezanih

4 žlice rafiniranega rastlinskega olja

Za marinado:

1 čajna žlička čilija v prahu

½ čajne žličke mletega črnega popra

½ žličke kurkume

1 čajna žlička amchoorja*

Sol po okusu

1 žlica riževe moke

Metoda

- Zmešajte sestavine za marinado. S to mešanico marinirajte rezine jajčevca 10 minut.
- V ponvi segrejemo olje. Dodajte rezine jajčevca. Na majhnem ognju jih pražimo 7 minut. Rezine obrnemo in ponovno pražimo 3 minute. Postrežemo ga vroče.

Rdeči paradižnikov curry

Nosite 4

sestavine

1 žlica suhih praženih lešnikov (gl<u>kuharske tehnike</u>)

1 žlica indijskih oreščkov, praženih (glej<u>kuharske tehnike</u>)

4 paradižniki, narezani

1 majhna zelena paprika, sesekljana

3 žlice rafiniranega rastlinskega olja

1 čajna žlička ingverjeve paste

1 čajna žlička česnove paste

1 velika čebula, sesekljana

1½ žličke garam masale

¼ čajne žličke kurkume

½ čajne žličke sladkorja

Sol po okusu

Metoda

- Lešnike in indijske oreščke zmešamo in zmeljemo. Dati na stran.
- Paradižnik in zeleno papriko zmeljemo skupaj. Dati na stran.
- V ponvi segrejemo olje. Dodajte ingverjevo pasto in česnovo pasto. Na srednjem ognju pražimo eno minuto. Dodamo čebulo, garam masalo, kurkumo, sladkor in sol. Mešanico pražimo 2-3 minute.
- Dodajte mešanico arašidov in indijskih oreščkov ter mešanico paradižnika in paprike. Dobro premešamo. Pokrijemo s pokrovko in kuhamo 15 minut. Postrežemo ga vroče.

Aloo Matar Curry

(Carry s krompirjem in grahom)

Nosite 4

sestavine

1½ žlice rafiniranega rastlinskega olja

1 čajna žlička kuminovih semen

1 velika čebula, drobno sesekljana

½ žličke kurkume

1 čajna žlička mletega koriandra

1 čajna žlička mlete kumine

1 čajna žlička čilija v prahu

200g/7oz paradižnikove mezge

Sol po okusu

2 velika krompirja, narezana

400 g/14 oz graha

120 ml/4 fl oz vode

Metoda

- V ponvi segrejemo olje. Dodamo semena kumine. Pustite jih pršiti 15 sekund. Dodajte čebulo. Na srednjem ognju ga pražimo toliko časa, da porjavi.
- Dodajte preostale sestavine. Pustite vreti 15 minut. Postrežemo ga vroče.

Badshahi Baingan

(Kraljevski vafelj)

Nosite 4

sestavine

8 majhnih jajčevcev

Sol po okusu

30 g gheeja

2 veliki čebuli, narezani

1 žlica indijskih oreščkov

1 žlica rozin

1 čajna žlička ingverjeve paste

1 čajna žlička česnove paste

1 čajna žlička mletega koriandra

1 čajna žlička garam masala

¼ čajne žličke kurkume

200g/7oz jogurta

1 čajna žlička koriandrovih listov, sesekljanih

Metoda

- Jajčevec po dolžini razpolovimo. Natrite s soljo in pustite 10 minut. Iztisnite odvečno vlago in ponovno postavite na stran.
- V ponvi segrejte ghee. Dodajte čebulo, indijske oreščke in rozine. Na srednjem ognju jih pražimo toliko časa, da postanejo zlato rjave barve. Odcedimo in odstavimo.
- V isto ghee dodamo jajčevce in jih na zmernem ognju pražimo, da se zmehčajo. Odcedimo in odstavimo.
- V isti ghee dodajte ingverjevo pasto in česnovo pasto. Pražimo minuto. Zmešajte preostale sestavine. Kuhajte 7-8 minut na srednjem ognju.
- Dodamo jajčevec. Pustite vreti 2 minuti. Okrasite s popraženo čebulo, indijskimi oreščki in rozinami. Postrežemo ga vroče.

Krompir v Garam Masali

Nosite 4

sestavine

3 žlice rafiniranega rastlinskega olja

1 velika čebula, drobno sesekljana

10 strokov česna, drobno sesekljanega

½ žličke kurkume

1 čajna žlička garam masala

Sol po okusu

3 veliki krompirji, kuhani in narezani na kocke

240 ml/6 fl oz vode

Metoda

- V ponvi segrejemo olje. Dodajte čebulo in česen. Pražimo 2 minuti.
- Dodajte preostale sestavine in dobro premešajte. Postrežemo ga vroče.

tamilska korma

(Mešana zelenjava na tamilski način)

Nosite 4

sestavine

4 žlice rafiniranega rastlinskega olja

1 čajna žlička kuminovih semen

2 velika krompirja, narezana

2 večja korenčka, sesekljana

100 g/3½ oz francoskega fižola, sesekljanega

Sol po okusu

Za mešanico začimb:

100 g/3½ oz svežega kokosa, nastrganega

4 zeleni čiliji

100 g/3½ oz koriandrovih listov, sesekljanih

1 čajna žlička makovih semen

1 čajna žlička ingverjeve paste

1 čajna žlička kurkume

Metoda

- Vse sestavine začimbne mešanice zmeljemo v gladko pasto. Dati na stran.
- Segrejte olje. Dodamo semena kumine. Pustite jih pršiti 15 sekund.
- Dodamo preostale sestavine in zmleto začimbno mešanico. Kuhajte 15 minut na majhnem ognju in občasno premešajte. Postrežemo ga vroče.

Posušeni jajčevci s čebulo in krompirjem

Nosite 4

sestavine

3 žlice rafiniranega rastlinskega olja

1 čajna žlička gorčičnih semen

300 g/10 oz jajčevcev, narezanih

¼ čajne žličke kurkume

3 majhne čebule, drobno sesekljane

2 velika krompirja, kuhana in narezana na kocke

1 čajna žlička čilija v prahu

1 čajna žlička amchoorja*

Sol po okusu

Metoda

- V ponvi segrejemo olje. Dodajte gorčična semena. Pustite jih pršiti 15 sekund.
- Dodajte jajčevce in kurkumo. Na majhnem ognju pražimo 10 minut.
- Dodajte preostale sestavine. Dobro premešamo. Pokrijemo s pokrovko in kuhamo 10 minut. Postrežemo ga vroče.

Koftas Lajawab

(Mesne kroglice s sirom v omaki)

Nosite 4

sestavine

3 žlice rafiniranega rastlinskega olja

3 velike čebule, naribane

2,5 cm/1 in zmlete korenine ingverja

3 paradižniki, pretlačeni

1 čajna žlička kurkume

Sol po okusu

120 ml/4 fl oz vode

Za kofte:

400g/14oz sira čedar, pire

250 g/9 oz koruzne moke

½ čajne žličke sveže mletega črnega popra

1 čajna žlička garam masala

Sol po okusu

Rafinirano rastlinsko olje za globoko cvrtje

Metoda

- Vse sestavine za kofto razen olja zmešamo skupaj. Nalomite kroglice v velikosti oreha. V ponvi segrejemo olje. Dodajte kofte. Na srednjem ognju jih pražimo toliko časa, da postanejo zlato rjave barve. Odcedimo in odstavimo.
- V ponvi segrejte 3 žlice olja. Dodamo čebulo in pražimo do rjave barve.
- Dodajte preostale sestavine in dobro premešajte. Kuhajte 8 minut, občasno premešajte. V to omako dodamo kofte in postrežemo vroče.

Teekha Baingan Masala

(pekoči jajčevci)

Nosite 4

sestavine

2 žlici rafiniranega rastlinskega olja

3 velike čebule, sesekljane

10 strokov česna, strt

2,5 cm/1 in naribane korenine ingverja

1 čajna žlička tamarind paste

2 žlici garam masale

Sol po okusu

500g/1lb 2oz majhnih jajčevcev, narezanih

Metoda

- V ponvi segrejte 2 žlici olja. Dodajte čebulo. Na srednjem ognju pražimo 3 minute. Dodajte česen, ingver, tamarindo, garam masalo in sol. Dobro premešamo.
- Dodamo jajčevec. Dobro premešamo. Pokrijemo s pokrovko in kuhamo na majhnem ognju 15 minut, občasno premešamo. Postrežemo ga vroče.

Zelenjavna kofta

(zelenjavni cmoki v smetanovi omaki)

Nosite 4

sestavine

6 večjih krompirjev, očiščenih in narezanih

3 velike korenje, očiščene in narezane

Sol po okusu

Moka za oblaganje

2 žlici rafiniranega rastlinskega olja plus dodatek za cvrtje

3 velike čebule, drobno sesekljane

4 stroki česna, drobno sesekljani

2,5 cm/1 in ingverjeve korenine, drobno sesekljane

4 nageljnove žbice, zmlete

½ žličke kurkume

2 paradižnika, pretlačena

1 čajna žlička čilija v prahu

4 žlice dvojne smetane

25 g sesekljanih listov koriandra

Metoda

- Krompir in korenje kuhamo v slani vodi 15 minut. Odcedite in rezervirajte zalogo. Zelenjavo posolimo in pretlačimo.
- Pire razdelite na kroglice v velikosti limone. Potresemo z moko in kofte na srednjem ognju na olju zlato rjavo popečemo. Dati na stran.
- V ponvi segrejte 2 žlici olja. Dodajte čebulo, česen, ingver, nageljnove žbice in kurkumo. Na srednjem ognju pražimo 4-5 minut. Dodajte paradižnik, čili v prahu in zelenjavno juho. Pustite vreti 4 minute.
- Dodajte kofte. Okrasite s smetano in listi koriandra. Postrežemo ga vroče.

Posušena buča

Nosite 4

sestavine

3 žlice rafiniranega rastlinskega olja

1 čajna žlička kuminovih semen

¼ čajne žličke kurkume

¾ čajne žličke mletega koriandra

Sol po okusu

750 g/1 lb 10 oz buče, sesekljane

60 ml/2 fl oz vode

Metoda

- V ponvi segrejemo olje. Dodamo semena kumine in kurkumo. Pustite jih pršiti 15 sekund.
- Dodajte preostale sestavine. Dobro premešamo. Pokrijemo s pokrovko in kuhamo 15 minut. Postrežemo ga vroče.

Mešana zelenjava s triplatom

Nosite 4

sestavine

4-5 žlic rafiniranega rastlinskega olja

1 čajna žlička gorčičnih semen

½ čajne žličke semen piskavice

2 veliki čebuli, drobno sesekljani

2 velika sladka krompirja, narezana na kocke

4 majhni jajčevci, narezani na kocke

2 veliki zeleni papriki, narezani na kocke

3 veliki krompirji, narezani na kocke

100 g/3½ oz francoskega fižola, sesekljanega

½ žličke kurkume

1 čajna žlička čilija v prahu

2 žlici tamarind paste

1 žlica koriandrovih listov, sesekljanih

8-10 curryjevih listov

1 čajna žlička sladkorja

Sol po okusu

750 ml/1¼ litra vode

Metoda

- V ponvi segrejemo olje. Dodajte gorčico in semena triplata. Pustite jih pršiti 15 sekund. Dodajte čebulo. Pražite, dokler ne postekleni.
- Dodajte preostale sestavine razen vode. Dobro premešamo. Dodajte vodo. Pustite vreti 20 minut. Postrežemo ga vroče.

Dum Gobhi

(počasi kuhana cvetača)

Nosite 4

sestavine

2,5 cm/1 in ingverjeva korenina, julien

2 paradižnika, drobno narezana

¼ čajne žličke kurkume

1 žlica jogurta

½ čajne žličke garam masale

Sol po okusu

800 g/1¾lb cvetov cvetače

Metoda

- Zmešajte vse sestavine razen cvetov cvetače.
- V ponev damo cvetke cvetače in jih prelijemo s to mešanico. Pokrijemo s pokrovko in med občasnim mešanjem dušimo 20 minut. Postrežemo ga vroče.

Chhole

(Carry s čičeriko)

Vrata 5

sestavine

375 g/13 oz čičerike, namočene čez noč

1 liter/1¾ litra vode

Sol po okusu

1 paradižnik, drobno narezan

3 majhne čebule, drobno sesekljane

1½ čajne žličke koriandrovih listov, drobno sesekljanih

2 žlici rafiniranega rastlinskega olja

1 čajna žlička kuminovih semen

1 čajna žlička ingverjeve paste

1 čajna žlička česnove paste

2 lovorjeva lista

1 čajna žlička sladkorja

1 čajna žlička čilija v prahu

½ žličke kurkume

1 žlica gheeja

4 zelene čilije, prerezane po dolžini

½ čajne žličke mletega cimeta

½ čajne žličke mletih nageljnovih žbic

Sok 1 limone

Metoda

- Čičeriko zmešamo s polovico vode in solimo. To mešanico kuhajte v ponvi na srednjem ognju 30 minut. Odstavimo z ognja in čičeriko odcedimo.
- 2 žlici čičerike s polovico paradižnika, čebulo in polovico koriandrovega lista zmeljemo v fino pasto. Dati na stran.
- V večji kozici segrejte olje. Dodamo semena kumine. Pustite jih pršiti 15 sekund.
- Dodajte preostalo čebulo, ingverjevo pasto in česnovo pasto. To zmes pražimo na srednjem ognju, dokler čebula ne porjavi.
- Dodajte preostali paradižnik skupaj z lovorjevimi listi, sladkorjem, čilijem v prahu, kurkumo in čičerikino-paradižnikovo pasto. To mešanico pražimo na srednjem ognju 2-3 minute.
- Dodamo preostalo čičeriko s preostalo vodo. Pustite vreti 8-10 minut. Dati na stran.
- V majhni kozici segrejte ghee. Dodamo zeleni čili, mleti cimet in nageljnove žbice. Pustite jih pršiti 30 sekund. S to mešanico prelijemo čičeriko. Dobro premešamo. Luknjo pokapljajte z limoninim sokom in preostalimi listi koriandra. Postrežemo ga vroče.

Kari iz jajčevcev s čebulo in krompirjem

Nosite 4

sestavine

3 žlice rafiniranega rastlinskega olja

2 veliki čebuli, drobno sesekljani

1 čajna žlička ingverjeve paste

1 čajna žlička česnove paste

1 čajna žlička mletega koriandra

1 čajna žlička mlete kumine

1 čajna žlička čilija v prahu

¼ čajne žličke kurkume

120 ml/4 fl oz vode

Sol po okusu

250 g/9 oz majhnih jajčevcev

250 g/9oz mladega krompirja, prepolovljenega

50 g/1¾ oz koriandrovih listov, drobno sesekljanih

Metoda

- V ponvi segrejemo olje. Dodajte čebulo. Pražimo jih toliko časa, da posteklenijo.
- Dodajte preostale sestavine razen koriandrovih listov. Dobro premešamo. Pustite vreti 15 minut.
- Okrasite z listi koriandra. Postrežemo ga vroče.

Preprosta steklena buča

Nosite 4

sestavine

½ žličke gheeja

1 čajna žlička kuminovih semen

2 zelena čilija, prerezana po dolžini

750g/1lb 10oz steklenica buče*, sesekljan

Sol po okusu

120 ml mleka

1 žlica posušenega kokosa

10 g/¼ oz koriandrovih listov, drobno sesekljanih

Metoda

- V ponvi segrejte ghee. Dodajte semena kumine in zeleni čili. Pustite jih pršiti 15 sekund.
- Dodamo stekleno bučo, sol in mleko. Pustite vreti 10-12 minut.
- Dodajte preostale sestavine. Dobro premešamo. Postrežemo ga vroče.

Mešani zelenjavni curry

Nosite 4

sestavine

3 žlice rafiniranega rastlinskega olja

1 čajna žlička kuminovih semen

1 čajna žlička mletega koriandra

½ čajne žličke mlete kumine

1 čajna žlička čilija v prahu

¼ čajne žličke kurkume

½ čajne žličke sladkorja

1 korenček, narezan na trakove

1 velik krompir, narezan na kocke

200 g/7 oz francoskega fižola, sesekljanega

50 g/1¾ oz cvetov cvetače

Sol po okusu

200g/7oz paradižnikove mezge

120 ml/4 fl oz vode

10 g/¼ oz koriandrovih listov, drobno sesekljanih

Metoda

- V ponvi segrejemo olje. Dodamo semena kumine, mleti koriander in mleto kumino. Pustite jih pršiti 15 sekund.
- Dodajte preostale sestavine razen koriandrovih listov. Dobro premešaj. Pustite vreti 15 minut.
- Curry okrasite s koriandrovimi listi. Postrežemo ga vroče.

Mešana posušena zelenjava

Nosite 4

sestavine

3 žlice rafiniranega rastlinskega olja

1 čajna žlička kuminovih semen

1 čajna žlička mletega koriandra

½ čajne žličke mlete kumine

¼ čajne žličke kurkume

1 korenček, julien

1 velik krompir, narezan na kocke

200 g/7 oz francoskega fižola, sesekljanega

60 g/2 oz cvetov cvetače

Sol po okusu

120 ml/4 fl oz vode

10 g/¼ oz koriandrovih listov, sesekljanih

Metoda

- V ponvi segrejemo olje. Dodamo semena kumine. Pustite jih pršiti 15 sekund.
- Dodajte preostale sestavine razen koriandrovih listov. Dobro premešamo in kuhamo 15 minut na majhnem ognju.
- Okrasite z listi koriandra in postrezite vroče.

Posušen krompir in grah

Nosite 4

sestavine

3 žlice rafiniranega rastlinskega olja

1 čajna žlička kuminovih semen

½ žličke kurkume

1 čajna žlička garam masala

2 velika krompirja, kuhana in narezana na kocke

400g/14oz kuhanega graha

Sol po okusu

Metoda

- V ponvi segrejemo olje. Dodamo semena kumine in kurkumo. Pustite jih pršiti 15 sekund.
- Dodajte preostale sestavine. Na srednjem ognju pražimo 5 minut. Postrežemo ga vroče.

Dhokar Dhalna

(Bengal Gram Curry)

Nosite 4

sestavine

300g/10oz chana dhal*, namočeno čez noč

2 žlici gorčičnega olja

1 čajna žlička kuminovih semen

Sol po okusu

5 cm/2 in cimeta

4 zeleni stroki kardamoma

6 nageljnovih žbic

½ žličke kurkume

½ čajne žličke sladkorja

250 ml/8 fl oz vode

3 veliki krompirji, narezani in ocvrti

Metoda

- Chana dhal zmeljemo z dovolj vode, da nastane gladka pasta. Dati na stran.
- V ponvi segrejte polovico olja. Dodamo polovico semen kumine. Pustite jih pršiti 15 sekund. Dodajte pasto dhal in sol. Pražimo 2-3 minute. Odcedimo in razporedimo po velikem krožniku ter pustimo strjevati. Narežite na 2,5 cm/1 palec velike kose. Dati na stran.
- Te kose dhal prepražimo na preostalem olju do zlato rjave barve. Dati na stran.
- V isto olje dodajte preostale sestavine brez krompirja. Kuhajte 2 minuti. Dodajte krompir in koščke dhal. Dobro premešamo. Kuhajte na majhnem ognju 4-5 minut. Postrežemo ga vroče.

Začinjen krompirček

Nosite 4

sestavine

250 ml/8 fl oz rafiniranega rastlinskega olja

3 veliki krompirji, narezani na tanke trakove

½ žličke čilija v prahu

1 čajna žlička sveže mletega črnega popra

Sol po okusu

Metoda

- V ponvi segrejemo olje. Dodajte krompirjeve trakove. Na srednjem ognju jih pražimo toliko časa, da postanejo zlato rjave barve.
- Odcedite in dobro premešajte s preostalimi sestavinami. Postrežemo ga vroče.

Buča s kuhanim gramom

Nosite 4

sestavine

1 žlica rafiniranega rastlinskega olja

1 čajna žlička kuminovih semen

½ žličke kurkume

500g/1lb 2oz buče, narezane na koščke

125 g/4½ oz kaala chana*, kuhano

1 čajna žlička mletega koriandra

1 čajna žlička mlete kumine

1 čajna žlička čilija v prahu

Sol po okusu

120 ml/4 fl oz vode

10 g/¼ oz koriandrovih listov, drobno sesekljanih

Metoda

- V ponvi segrejemo olje. Dodamo semena kumine in kurkumo. Pustite jih pršiti 15 sekund.
- Dodajte preostale sestavine razen vode in koriandrovih listov. Mešanico pražimo na srednjem ognju 2-3 minute.
- Dodajte vodo. Dobro premešamo. Pokrijemo s pokrovko in med občasnim mešanjem kuhamo 15 minut.
- Okrasite z listi koriandra. Postrežemo ga vroče.

Dum Aloo

(počasi kuhan krompir)

Nosite 4

sestavine

1 žlica rafiniranega rastlinskega olja

500g/1lb 2oz mladega krompirja, kuhanega in olupljenega

Sol po okusu

1 čajna žlička tamarind paste

Za pasto:

½ žličke čilija v prahu

¼ čajne žličke kurkume

¼ čajne žličke črnega popra v zrnu

2 žlici koriandrovih semen

1 črni kardamom

2,5 cm/1 in cimeta

2 nageljnove žbice

6 strokov česna

Metoda

- Sestavine za pasto zmeljemo skupaj. V ponvi segrejemo olje. Dodajte pasto. Na srednjem ognju pražimo 10 minut.
- Dodajte preostale sestavine. Dobro premešamo. Kuhajte 8 minut. Postrežemo ga vroče.

Zelenjavna Makkhanwala

(zelenjava na maslu)

Nosite 4

sestavine

120 ml enojne smetane

½ čajne žličke navadne bele moke

120 ml mleka

4 žlice kečapa

1 žlica masla

2 veliki čebuli, drobno sesekljani

500g/1lb 2oz mešane zamrznjene zelenjave

1 čajna žlička garam masala

½ žličke čilija v prahu

Sol po okusu

Metoda

- Zmešamo smetano, moko, mleko in kečap. Dati na stran.
- V kozici segrejemo maslo. Dodajte čebulo. Na srednjem ognju jih pražimo toliko časa, da posteklenijo.

- Dodajte zelenjavo, garam masalo, čili v prahu, sol in mešanico smetane in moke. Dobro premešamo. Pustite vreti 10-12 minut. Postrežemo ga vroče.

Francoski fižol z Mung Dhalom

Nosite 4

sestavine

1 žlica rafiniranega rastlinskega olja

1 čajna žlička gorčičnih semen

¼ čajne žličke kurkume

2 zelena čilija, prerezana po dolžini

400 g/14 oz francoskega fižola, sesekljanega

3 žlice mung dala*, namočeno 30 minut in odcejeno

Sol po okusu

120 ml/4 fl oz vode

2 žlici koriandrovih listov, sesekljanih

Metoda

- V ponvi segrejemo olje. Dodajte gorčična semena, kurkumo in zelene čilije. Pustite jih pršiti 15 sekund.
- Dodajte preostale sestavine razen vode in koriandrovih listov. Dobro premešamo. Dodajte vodo. Pustite vreti 15 minut.
- Dodamo liste koriandra in postrežemo vroče.

Pikanten krompir z jogurtovo omako

Nosite 4

sestavine

1 čajna žlička besana*, zmešan s 4 žlicami vode

200g/7oz jogurta

750 g/lb 10 oz krompirja, kuhanega in narezanega na kocke

½ čajne žličke chaat masale*

½ čajne žličke mlete kumine, suho pražene (gl[kuharske tehnike](#))

½ žličke čilija v prahu

¼ čajne žličke kurkume

1 žlica rafiniranega rastlinskega olja

1 čajna žlička belega sezama

2 posušena rdeča čilija, narezana na četrtine

Sol po okusu

10 g/¼ oz koriandrovih listov, drobno sesekljanih

Metoda

- Besan pasto stepemo z jogurtom. Dati na stran.
- Krompir zmešajte s chaat masalo, mleto kumino, čilijem v prahu in kurkumo. Dati na stran.
- V ponvi segrejemo olje. Dodajte sezamovo seme in koščke čilija. Pustite jih pršiti 15 sekund.
- Dodamo krompir, jogurtovo mešanico in sol. Dobro premešamo. Pustite vreti 4-5 minut. Okrasite z listi koriandra. Postrežemo ga vroče.

Polnjena zelena paprika

Nosite 4

sestavine

4 žlice rafiniranega rastlinskega olja

1 velika čebula, mleto

½ žličke ingverjeve paste

½ čajne žličke česnove paste

1 čajna žlička garam masala

2 velika krompirja, kuhana in pretlačena

50g/1¾oz kuhanega graha

1 manjši korenček, kuhan in narezan

Ščepec asafetide

Sol po okusu

8 majhnih zelenih paprik brez semen

Metoda

- V ponvi segrejte ½ čajne žličke olja. Dodamo čebulo in pražimo, da postekleni.
- Dodajte preostale sestavine razen paprike. Dobro premešamo. Pražimo 3-4 minute.
- To mešanico dodajte papriki. Dati na stran.
- V ponvi segrejte preostalo olje. Dodamo polnjene paprike. Na majhnem ognju jih pražimo 7-10 minut in jih občasno obrnemo. Postrežemo ga vroče.

Dva Phulkopi Aloo

(Cvetača in krompir v bengalskem jogurtu)

Nosite 4

sestavine

300 g/10 oz jogurta

¼ čajne žličke kurkume

1 čajna žlička sladkorja

Sol po okusu

200 g/7 oz cvetov cvetače

4 krompirje narežemo na kocke in rahlo popražimo

2 žlici gorčičnega olja

5 cm/2 in cimeta

4 zeleni stroki kardamoma

6 nageljnovih žbic

2 lovorjeva lista

Metoda

- Zmešajte jogurt, kurkumo, sladkor in sol. V tej mešanici marinirajte cvetačo in krompir 20 minut.
- V ponvi segrejemo olje. Preostale sestavine pražimo 1-2 minuti.
- Dodajte vloženo zelenjavo. Kuhajte na majhnem ognju 6-7 minut. Postrežemo ga vroče.

Zeleni poper z Besanom

Nosite 4

sestavine

4 žlice rafiniranega rastlinskega olja

½ čajne žličke gorčičnih semen

500g/1lb 2oz zelene paprike, brez semen in narezane

½ žličke kurkume

½ čajne žličke mletega koriandra

½ čajne žličke mlete kumine

500g/1lb 2oz besan*, zmešanega s 120 ml/4 fl oz vode

1 čajna žlička sladkorja

Sol po okusu

1 žlica koriandrovih listov

Metoda

- V ponvi segrejemo olje. Dodajte gorčična semena. Pustite jih pršiti 15 sekund.
- Dodamo zeleno papriko, kurkumo, mleti koriander in mleto kumino. Dobro premešamo. Pokrijte s pokrovko in kuhajte 5-7 minut.
- Dodajte pinjenec, sladkor in sol. Mešajte, dokler fižol ne prekrije paprike. Okrasite z listi koriandra. Postrežemo ga vroče.

Jajčevci z grahom

Nosite 4

sestavine

2 žlici rafiniranega rastlinskega olja

½ čajne žličke gorčičnih semen

Ščepec asafetide

½ žličke kurkume

2 veliki čebuli, drobno sesekljani

2 paradižnika, drobno narezana

1 čajna žlička sladkorja

Sol po okusu

120 ml/4 fl oz vode

300 g/10 oz majhnih jajčevcev, narezanih

400 g/14 oz svežega zelenega graha

25 g/redkih 1 oz listov koriandra

Metoda

- V ponvi segrejemo olje. Dodajte gorčična semena, asafetido in kurkumo. Pustite jih pršiti 15 sekund.
- Dodajte čebulo. Pražimo toliko časa, da porjavijo. Dodamo paradižnik, sladkor, sol, vodo, jajčevce in grah. Dobro premešamo. Pokrijemo s pokrovom. Pustite vreti 10 minut.
- Okrasite z listi koriandra. Postrežemo ga vroče.

Bandakopir Ghonto

(Bengalsko zelje z grahom)

Nosite 4

sestavine

2 žlici gorčičnega olja

1 čajna žlička kuminovih semen

4 zeleni čili, narezani

½ žličke kurkume

1 čajna žlička sladkorja

150 g/5½oz zelja, narezanega na tanke rezine

400g/14oz zamrznjenega graha

Sol po okusu

¼ čajne žličke mletega cimeta

¼ čajne žličke mletega kardamoma

¼ čajne žličke mletih nageljnovih žbic

Metoda

- V ponvi segrejemo olje. Dodajte semena kumine in zeleni čili. Pustite jih pršiti 15 sekund.
- Dodamo kurkumo, sladkor, zelje, grah in sol. Dobro premešamo. Pokrijte s pokrovko in kuhajte na majhnem ognju 8-10 minut.
- Okrasite z mletim cimetom, kardamomom in klinčki. Postrežemo ga vroče.

Začel je Bhaja Mashlar

(pečen masala jajčevec)

Nosite 4

sestavine

4 žlice gorčičnega olja

3 posušeni rdeči čiliji

¼ čajne žličke semen piskavice

400 g/14 oz dolgih jajčevcev, narezanih na kocke

2 zelena čilija, drobno narezana

200 g grškega jogurta

1 čajna žlička sladkorja

½ žličke kurkume

1 čajna žlička mlete kumine, suho pražene (gl[kuharske tehnike](kuharske tehnike))

Sol po okusu

Metoda

- V ponvi segrejemo olje. Dodamo čili in semena triplata. Pustite jih pršiti 15 sekund.
- Dodajte jajčevce in zelene čilije. Pražimo jih 4-5 minut.
- Dodajte preostale sestavine. Dobro premešamo. Kuhajte na majhnem ognju 7-8 minut. Postrežemo ga vroče.

Zunka

(pikantni kari iz moke)

Nosite 4

sestavine

750g/1lb 10oz besan*, suho ocvrto

400 ml/14 fl oz vode

4 žlice rafiniranega rastlinskega olja

½ čajne žličke gorčičnih semen

½ žličke kuminovih semen

½ žličke kurkume

3-4 zelene čilije, prerezane po dolžini

10 strokov česna, strt

3 majhne čebule, drobno sesekljane

1 čajna žlička tamarind paste

Sol po okusu

Metoda

- Zmešajte besan z dovolj vode, da nastane gosta pasta. Dati na stran.

- V ponvi segrejemo olje. Dodamo gorčično in kumino seme. Pustite jih pršiti 15 sekund. Dodajte preostale sestavine. Pražimo minuto. Dodajte besan pasto in nenehno mešajte na majhnem ognju, dokler se ne zgosti. Postrežemo ga vroče.

Repni curry

Nosite 4

sestavine

3 žlice makovih semen

3 žlice sezamovih semen

3 žlice koriandrovih semen

3 žlice svežega naribanega kokosa

125 g jogurta

120 ml/4 fl oz rafiniranega rastlinskega olja

2 veliki čebuli, drobno sesekljani

1½ žličke čilija v prahu

1 čajna žlička ingverjeve paste

1 čajna žlička česnove paste

400 g/14 oz repe, sesekljane

Sol po okusu

Metoda

- Mak, sezam in koriander ter kokos pražimo 1-2 minuti. Zmeljemo v pasto.

- To pasto stepite z jogurtom. Dati na stran.

- V ponvi segrejemo olje. Dodajte preostale sestavine. Na srednjem ognju jih pražimo 5 minut. Dodajte jogurtovo mešanico. Pustite vreti 7-8 minut. Postrežemo ga vroče.

Chhaner Dhalna

(Bengali Style Paneer)

Nosite 4

sestavine

2 žlici gorčičnega olja plus dodatek za globoko cvrtje

225g/8oz plošča*, na kocke

2,5 cm/1 in cimeta

3 zeleni stroki kardamoma

4 nageljnove žbice

½ žličke kuminovih semen

1 čajna žlička kurkume

2 velika krompirja, narezana in ocvrta

½ žličke čilija v prahu

2 žlici sladkorja

Sol po okusu

250 ml/8 fl oz vode

2 žlici koriandrovih listov, sesekljanih

Metoda

- V ponvi segrejemo olje za cvrenje. Dodamo paneer in pražimo na srednjem ognju do zlato rjave barve. Odcedimo in odstavimo.

- V ponvi segrejte preostalo olje. Dodajte preostale sestavine razen vode in koriandrovih listov. Pražimo 2-3 minute.

- Dodajte vodo. Pustite vreti 7-8 minut. Dodajte ploščo. Vreti še 5 minut. Okrasite z listi koriandra. Postrežemo ga vroče.

Koruza s kokosom

Nosite 4

sestavine

2 žlici gheeja

600g/1lb 5oz koruznih zrn, kuhana

1 čajna žlička sladkorja

1 čajna žlička soli

10 g/¼ oz koriandrovih listov, drobno sesekljanih

Za kokosovo pasto:

50 g/1¾oz svežega naribanega kokosa

3 žlice makovih semen

1 čajna žlička koriandrovih semen

2,5 cm/1 in ingverjeva korenina, julien

3 zeleni čiliji

125 g/4½ oz lešnikov

Metoda

- Vse sestavine za kokosovo pasto grobo zmeljemo. V ponvi segrejte ghee. Dodamo pasto in med nenehnim mešanjem pražimo 4-5 minut.

- Dodajte koruzo, sladkor in sol. Kuhajte na majhnem ognju 4-5 minut.

- Okrasite z listi koriandra. Postrežemo ga vroče.

Zelena paprika s krompirjem

Nosite 4

sestavine

2 žlici rafiniranega rastlinskega olja

1 čajna žlička kuminovih semen

10 strokov česna, drobno sesekljanega

3 veliki krompirji, narezani na kocke

2 žlici mletega koriandra

1 čajna žlička mlete kumine

½ žličke kurkume

½ žličke amchoorja*

½ čajne žličke garam masale

Sol po okusu

3 velike zelene paprike, narezane na julienne

3 žlice narezanih listov koriandra

Metoda

- V ponvi segrejemo olje. Dodamo semena kumine in česen. Pražimo 30 sekund.

- Dodajte preostale sestavine razen popra in listov koriandra. Na srednjem ognju pražimo 5-6 minut.

- Dodajte paprike. Na majhnem ognju pražimo še 5 minut. Okrasite z listi koriandra. Postrežemo ga vroče.

Začinjen grah s krompirjem

Nosite 4

sestavine

2 žlici rafiniranega rastlinskega olja

1 čajna žlička ingverjeve paste

1 velika čebula, drobno sesekljana

2 velika krompirja, narezana na kocke

500 g/1 lb 2 oz konzerviranega graha

½ žličke kurkume

Sol po okusu

½ čajne žličke garam masale

2 velika paradižnika, narezana na kocke

½ žličke čilija v prahu

1 čajna žlička sladkorja

1 žlica koriandrovih listov, sesekljanih

Metoda

- V ponvi segrejemo olje. Dodajte ingverjevo pasto in čebulo. Pražimo jih toliko časa, da čebula postekleni.

- Dodajte preostale sestavine razen koriandrovih listov. Dobro premešamo. Pokrijemo s pokrovko in kuhamo na majhnem ognju 10 minut.

- Okrasite z listi koriandra. Postrežemo ga vroče.

Pražene gobe

Nosite 4

sestavine

2 žlici rafiniranega rastlinskega olja

4 zelene čilije, prerezane po dolžini

8 strokov česna, mletega

100 g/3½ oz zelene paprike, narezane na rezine

400 g/14 oz narezanih gob

Sol po okusu

½ čajne žličke grobo mletega črnega popra

25 g sesekljanih listov koriandra

Metoda

- V ponvi segrejemo olje. Dodajte zeleno papriko, česen in zeleno papriko. Na srednjem ognju jih pražimo 1-2 minuti.

- Dodamo gobe, sol in poper. Dobro premešamo. Dušimo na srednjem ognju do mehkega. Okrasite z listi koriandra. Postrežemo ga vroče.

Začinjene gobe s koruzo

Nosite 4

sestavine

2 žlici rafiniranega rastlinskega olja

1 čajna žlička kuminovih semen

2 lovorjeva lista

1 čajna žlička ingverjeve paste

2 zelena čilija, drobno narezana

1 velika čebula, drobno sesekljana

200g/7oz gob, prepolovljenih

8-10 mladičev sladkega krompirja, narezanega

125 g/4½ oz paradižnikove mezge

½ žličke kurkume

Sol po okusu

½ čajne žličke garam masale

½ čajne žličke sladkorja

10 g/¼ oz koriandrovih listov, sesekljanih

Metoda

- V ponvi segrejemo olje. Dodamo semena kumine in lovorjev list. Pustite jih pršiti 15 sekund.

- Dodajte ingverjevo pasto, čili in čebulo. Pustite vreti 1-2 minuti.

- Dodajte preostale sestavine razen koriandrovih listov. Dobro premešamo. Pokrijemo s pokrovko in kuhamo na majhnem ognju 10 minut.

- Okrasite z listi koriandra. Postrežemo ga vroče.

Začinjena posušena cvetača

Nosite 4

sestavine

750g/1lb 10oz cvetačni cvetovi

Sol po okusu

Ščepec kurkume

4 lovorjeve liste

750 ml/1¼ litra vode

2 žlici rafiniranega rastlinskega olja

4 nageljnove žbice

4 zeleni stroki kardamoma

1 velika čebula, narezana na rezine

1 čajna žlička ingverjeve paste

1 čajna žlička česnove paste

1 čajna žlička garam masala

½ žličke čilija v prahu

¼ čajne žličke mletega črnega popra

10 indijskih oreščkov, mletih

2 žlici jogurta

3 žlice paradižnikove mezge

3 žlice masla

60 ml enojne smetane

Metoda

- Cvetačo s soljo, kurkumo, lovorjevimi listi in vodo kuhamo v ponvi na zmernem ognju 10 minut. Odcedimo in cvetove razporedimo v pekač. Dati na stran.

- V ponvi segrejemo olje. Dodajte nageljnove žbice in kardamom. Pustite jih pršiti 15 sekund.

- Dodajte čebulo, ingverjevo pasto in česnovo pasto. Pražimo minuto.

- Dodajte garam masalo, čili v prahu, poper in indijske oreščke. Pražimo 1-2 minuti.

- Dodajte jogurt in paradižnikovo mezgo. Dobro premešaj. Dodajte maslo in smetano. Mešajte minuto. Odstranite z ognja.

- S tem prelijemo cvetove cvetače. Pečemo pri 150 °C (300 °F, plinska oznaka 2) v predhodno ogreti pečici 8-10 minut. Postrežemo ga vroče.

Gobov kari

Nosite 4

sestavine

3 žlice rafiniranega rastlinskega olja

2 veliki čebuli, naribani

1 čajna žlička ingverjeve paste

1 čajna žlička česnove paste

½ žličke kurkume

1 čajna žlička čilija v prahu

1 čajna žlička mletega koriandra

400 g/14 oz gob, narezanih na četrtine

200 g/7 oz graha

2 paradižnika, drobno narezana

½ čajne žličke garam masale

Sol po okusu

20 mletih indijskih oreščkov

240 ml/6 fl oz vode

Metoda

- V ponvi segrejemo olje. Dodajte čebulo. Cvremo jih toliko časa, da porjavijo.

- Dodajte ingverjevo pasto, česnovo pasto, kurkumo, čili v prahu in mleti koriander. Na srednjem ognju kuhamo eno minuto.

- Dodajte preostale sestavine. Dobro premešamo. Pokrijte s pokrovko in kuhajte 8-10 minut. Postrežemo ga vroče.

Baingan Bharta

(pečen jajčevec)

Nosite 4

sestavine

1 večji jajčevec

3 žlice rafiniranega rastlinskega olja

1 velika čebula, drobno sesekljana

3 zelene čilije, prerezane po dolžini

¼ čajne žličke kurkume

Sol po okusu

½ čajne žličke garam masale

1 paradižnik, drobno narezan

Metoda

- Jajčevce povsod prebodemo z vilicami in pečemo na žaru 25 minut. Ko se ohladi, zavrzite ocvrto kožo in pretlačite pulpo. Dati na stran.

- V ponvi segrejemo olje. Dodajte čebulo in zeleni čili. Na srednjem ognju pražimo 2 minuti.

- Dodajte kurkumo, sol, garam masalo in paradižnik. Dobro premešamo. Pražimo 5 minut. Dodamo jajčevčev pire. Dobro premešamo.

- Kuhajte na majhnem ognju 8 minut in občasno premešajte. Postrežemo ga vroče.

Hyderabadi zelenjava

Nosite 4

sestavine

2 žlici rafiniranega rastlinskega olja

½ čajne žličke gorčičnih semen

1 velika čebula, drobno sesekljana

400g/14oz zamrznjene mešane zelenjave

½ žličke kurkume

Sol po okusu

Za mešanico začimb:

2,5 cm/1 in ingverjeve korenine

8 strokov česna

2 nageljnove žbice

2,5 cm/1 in cimeta

1 čajna žlička semen piskavice

3 zeleni čiliji

4 žlice svežega naribanega kokosa

10 indijskih oreščkov

Metoda

- Vse sestavine začimbne mešanice zmeljemo skupaj. Dati na stran.

- V ponvi segrejemo olje. Dodajte gorčična semena. Pustite jih pršiti 15 sekund. Dodamo čebulo in pražimo do rjave barve.

- Dodamo preostale sestavine in zmleto začimbno mešanico. Dobro premešamo. Kuhajte na majhnem ognju 8-10 minut. Postrežemo ga vroče.

Kaddu Bhaji*

(posušena rdeča buča)

Nosite 4

sestavine

3 žlice rafiniranega rastlinskega olja

½ žličke kuminovih semen

¼ čajne žličke semen piskavice

600 g/1 lb 5 oz buče, narezane na tanke rezine

Sol po okusu

½ žličke pražene mlete kumine

½ žličke čilija v prahu

¼ čajne žličke kurkume

1 čajna žlička amchoorja*

1 čajna žlička sladkorja

Metoda

- V ponvi segrejemo olje. Dodamo semena kumine in triplata. Pustite jih pršiti 15 sekund. Dodamo bučo in sol. Dobro premešamo. Pokrijemo s pokrovko in kuhamo na srednjem ognju 8 minut.

- Odkrijte in rahlo zmečkajte s hrbtno stranjo žlice. Dodajte preostale sestavine. Dobro premešamo. Kuhajte 5 minut. Postrežemo ga vroče.

Muthia ne Shak

(Mesne kroglice s triplatom v omaki)

Nosite 4

sestavine

200 g/7 oz svežih listov piskavice, drobno narezanih

Sol po okusu

125 g/4½ oz polnozrnate moke

125 g/4½ oz besan*

2 zelena čilija, drobno narezana

1 čajna žlička ingverjeve paste

3 žlice sladkorja

Sok 1 limone

½ čajne žličke garam masale

½ žličke kurkume

Ščepec sode bikarbone

3 žlice rafiniranega rastlinskega olja

½ žličke ajowanovih semen

½ čajne žličke gorčičnih semen

Ščepec asafetide

250 ml/8 fl oz vode

Metoda

- Liste triplata zmešajte s soljo. Pustite na stran 10 minut. Iztisnite vlago.

- Liste triplata zmešajte z moko, besanom, zelenim poprom, ingverjevo pasto, sladkorjem, limoninim sokom, garam masalo, kurkumo in sodo bikarbono. Zgnetemo ga v mehko testo.

- Testo razdelite na 30 kroglic v velikosti oreha. Nežno sploščite, da oblikujete mutije. Dati na stran.

- V ponvi segrejemo olje. Dodajte semena ajowana, gorčična semena in asafetido. Pustite jih pršiti 15 sekund.

- Dodajte muthias in vodo.

- Pokrijemo s pokrovko in kuhamo 10-15 minut. Postrežemo ga vroče.

Pumpkin Koot

(Buča v lečinem kariju)

Nosite 4

sestavine

50 g/1¾oz svežega naribanega kokosa

1 čajna žlička kuminovih semen

2 rdeči feferoni

150g/5½oz mung dhal*, namočeno 30 minut in odcejeno

2 žlici chana dhal*

Sol po okusu

500 ml/16 fl oz vode

2 žlici rafiniranega rastlinskega olja

250g/9oz buče, narezane na kocke

¼ čajne žličke kurkume

Metoda

- Kokos, kumino seme in čili zmeljemo v pasto. Dati na stran.

- Dhale zmešajte s soljo in vodo. To mešanico kuhajte v ponvi na srednjem ognju 40 minut. Dati na stran.

- V ponvi segrejemo olje. Dodajte bučo, kurkumo, kuhane dhale in kokosovo pasto. Dobro premešamo. Pustite vreti 10 minut. Postrežemo ga vroče.

Pasma

(cvetača in grah v omaki)

Nosite 4

sestavine

2 žlici rafiniranega rastlinskega olja plus dodatek za cvrtje

250 g/9 oz cvetov cvetače

2 žlici svežega, naribanega kokosa

1 cm/½ zdrobljene korenine ingverja

4-5 zelenih čilijev, prerezanih po dolžini

2-3 paradižniki, drobno sesekljani

400g/14oz zamrznjenega graha

1 čajna žlička sladkorja

Sol po okusu

Metoda

- V ponvi segrejemo olje za cvrtje. Dodamo cvetačo. Pražimo na srednjem ognju do zlato rjave barve. Odcedimo in odstavimo.
- Zmeljemo kokos, ingver, čili in paradižnik. V ponvi segrejte 2 žlici olja. Dodajte to pasto in pražite 1-2 minuti.
- Dodamo cvetačo in ostale sestavine. Dobro premešamo. Kuhajte na majhnem ognju 4-5 minut. Postrežemo ga vroče.

Doodhi Manpasand

(Steklenica buče v omaki)

Nosite 4

sestavine

3 žlice rafiniranega rastlinskega olja

3 posušeni rdeči čiliji

1 velika čebula, drobno sesekljana

500 g/1 lb 2 oz maslene buče*, sesekljan

¼ čajne žličke kurkume

2 žlici mletega koriandra

1 čajna žlička mlete kumine

½ žličke čilija v prahu

½ čajne žličke garam masale

2,5 cm/1 in ingverjeve korenine, drobno sesekljane

2 paradižnika, drobno narezana

1 zelena paprika, brez jedra, semen in drobno sesekljana

Sol po okusu

2 žlici koriandrovih listov, drobno sesekljanih

Metoda

- V ponvi segrejemo olje. Čili in čebulo pražimo 2 minuti.
- Dodajte preostale sestavine razen koriandrovih listov. Dobro premešamo. Kuhajte na majhnem ognju 5-7 minut. Okrasite z listi koriandra. Postrežemo ga vroče.

Paradižnikova čoha

(paradižnikov kompot)

Nosite 4

sestavine

6 velikih paradižnikov

2 žlici rafiniranega rastlinskega olja

1 velika čebula, drobno sesekljana

8 strokov česna, drobno sesekljanega

1 zelen čili, drobno narezan

½ žličke čilija v prahu

10 g/¼ oz koriandrovih listov, drobno sesekljanih

Sol po okusu

Metoda

- Paradižnik pečemo na žaru 10 minut. Očistite in zdrobite v kašo. Dati na stran.
- V ponvi segrejemo olje. Dodajte čebulo, česen in zeleno papriko. Pražimo 2-3 minute. Dodajte preostale sestavine in paradižnikovo mezgo. Dobro premešamo. Pokrijte s pokrovko in kuhajte 5-6 minut. Postrežemo ga vroče.

Baingan Chokha

(kompot iz jajčevcev)

Nosite 4

sestavine

1 večji jajčevec

2 žlici rafiniranega rastlinskega olja

1 majhna čebula, sesekljana

8 strokov česna, drobno sesekljanega

1 zelen čili, drobno narezan

1 paradižnik, drobno narezan

60 g/2 oz koruznih zrn, kuhanih

10 g/¼ oz koriandrovih listov, drobno sesekljanih

Sol po okusu

Metoda

- Jajčevce povsod prebodemo z vilicami. Pečemo na žaru 10-15 minut. Očistite in zdrobite v kašo. Dati na stran.
- V ponvi segrejemo olje. Dodajte čebulo, česen in zeleno papriko. Na srednjem ognju jih pražimo 5 minut.
- Dodajte preostale sestavine in pulpo jajčevca. Dobro premešamo. Kuhajte 3-4 minute. Postrežemo ga vroče.

Kari iz cvetače in graha

Nosite 4

sestavine

3 žlice rafiniranega rastlinskega olja

¼ čajne žličke kurkume

3 zelene čilije, prerezane po dolžini

1 čajna žlička mletega koriandra

2,5 cm/1 in naribane korenine ingverja

250 g/9 oz cvetov cvetače

400 g/14 oz svežega zelenega graha

60 ml/2 fl oz vode

Sol po okusu

1 žlica koriandrovih listov, drobno sesekljanih

Metoda

- V ponvi segrejemo olje. Dodajte kurkumo, zeleni čili, mleti koriander in ingver. Na srednjem ognju pražimo eno minuto.
- Dodajte preostale sestavine razen koriandrovih listov. Dobro premešamo in pustimo vreti 10 minut.
- Okrasite z listi koriandra. Postrežemo ga vroče.

Aloo Methi ki Sabzi

(kari iz krompirja in piskavice)

Nosite 4

sestavine

100 g/3½ oz listov piskavice, sesekljanih

Sol po okusu

4 žlice rafiniranega rastlinskega olja

1 čajna žlička kuminovih semen

5-6 zelenih čilijev

¼ čajne žličke kurkume

Ščepec asafetide

6 velikih krompirjev, kuhanih in narezanih

Metoda

- Liste triplata zmešajte s soljo. Pustite na stran 10 minut.
- V ponvi segrejemo olje. Dodajte semena kumine, čili in kurkumo. Pustite jih pršiti 15 sekund.
- Dodajte preostale sestavine in liste triplata. Dobro premešamo. Kuhajte 8-10 minut na majhnem ognju. Postrežemo ga vroče.

Sladko-kisla kisla karela

Nosite 4

sestavine

500g/1lb 2oz grenke buče*

Sol po okusu

750 ml/1¼ litra vode

1 cm/½ palca korenine ingverja

10 strokov česna

4 velike čebule, sesekljane

4 žlice rafiniranega rastlinskega olja

Ščepec asafetide

½ žličke kurkume

1 čajna žlička mletega koriandra

1 čajna žlička mlete kumine

1 čajna žlička tamarind paste

2 žlici jaggerja*, smej se

Metoda

- Grenkobe olupimo. Narežemo jih in za 1 uro namočimo v slano vodo. Izperite in iztisnite odvečno vodo. Operite in odstavite.
- Ingver, česen in čebulo zmeljemo v pasto. Dati na stran.
- V ponvi segrejemo olje. Dodajte asafetido. Pustite, da prši 15 sekund. Dodajte ingverjevo čebulno pasto in preostale sestavine. Dobro premešamo. Pražimo 3-4 minute. Dodamo grenčice. Dobro premešamo. Pokrijte s pokrovko in kuhajte na majhnem ognju 8-10 minut. Postrežemo ga vroče.

Karela Košimbir

(Hrustava zdrobljena grenka palačinka)

Nosite 4

sestavine

500g/1lb 2oz grenke buče*, olupljen

Sol po okusu

Rafinirano rastlinsko olje za cvrtje

2 srednji čebuli, sesekljani

50 g/1¾oz listov koriandra, sesekljanih

3 zeleni čiliji, drobno narezani

½ svežega naribanega kokosa

1 žlica limoninega soka

Metoda

- Grenčine narežemo. Natrite jih s soljo in pustite 2-3 ure.
- V ponvi segrejemo olje. Dodamo grenčice in na zmernem ognju pražimo toliko časa, da porjavijo in hrustljajo. Odcedimo, nekoliko ohladimo in zdrobimo s prsti.

- Preostale sestavine zmešamo v skledi. Dodajte bučo in še toplo postrezite.

Karela Curry

(Bitter Gourd Curry)

Nosite 4

sestavine

½ kokosa

2 rdeči feferoni

1 čajna žlička kuminovih semen

3 žlice rafiniranega rastlinskega olja

1 prah asafetide

2 veliki čebuli, drobno sesekljani

2 zelena čilija, drobno narezana

Sol po okusu

½ žličke kurkume

500g/1lb 2oz grenke buče*, olupljen in narezan

2 paradižnika, drobno narezana

Metoda

- Polovico kokosa naribamo, preostanek pa sesekljamo. Dati na stran.
- Suha pečenka (glej [kuharske tehnike](#)) nariban kokos, pekoča paprika in semena kumine. Ohladimo in skupaj zmeljemo v fino pasto. Dati na stran.
- V ponvi segrejemo olje. Dodamo asafetido, čebulo, zeleni čili, sol, kurkumo in sesekljan kokos. Med pogostim mešanjem pražimo 3 minute.
- Dodamo grenčice in paradižnik. Kuhajte 3-4 minute.
- Dodajte mleto kokosovo pasto. Kuhajte 5-7 minut in postrezite vroče.

Čili cvetača

Nosite 4

sestavine

3 žlice rafiniranega rastlinskega olja

5 cm/2 in ingverjeve korenine, drobno sesekljane

12 strokov česna, drobno sesekljanega

1 cvetača, narezana na cvetove

5 rdečih čilijev, narezanih na četrtine in brez semen

6 mladih čebulic, prepolovljenih

3 paradižnike, blanširane in narezane

Sol po okusu

Metoda

- V ponvi segrejemo olje. Dodajte ingver in česen. Na srednjem ognju pražimo eno minuto.
- Dodamo cvetačo in rdeči čili. Pražimo 5 minut.
- Dodajte preostale sestavine. Dobro premešamo. Kuhajte na majhnem ognju 7-8 minut. Postrežemo ga vroče.

Curry z orehi

Nosite 4

sestavine

4 žlice gheeja

10 g/¼ oz indijskih oreščkov

10 g mandljev, blanširanih

10-12 lešnikov

5-6 rozin

10 pistacij

10 sesekljanih orehov

2,5 cm/1 in naribane korenine ingverja

6 strokov česna, mletega

4 majhne čebule, drobno sesekljane

4 paradižniki, drobno narezani

4 datlje, olupljene in narezane

½ žličke kurkume

125 g/4½ oz khoya*

1 čajna žlička garam masala

Sol po okusu

75 g/2½ sira čedar, nariban

1 žlica koriandrovih listov, sesekljanih

Metoda

- V ponvi segrejte ghee. Dodamo vse orehe in jih na srednjem ognju pražimo do zlato rjave barve. Odcedimo in odstavimo.
- Na istem gheeju prepražimo ingver, česen in čebulo do zlato rjave barve.
- Dodamo pražene orehe in vse preostale sestavine brez sira in koriandrovih listov. Pokrijemo s pokrovom. Kuhajte na majhnem ognju 5 minut.
- Okrasite s sirom in listi koriandra. Postrežemo ga vroče.

Daikon zapusti Bhaaji

Nosite 4

sestavine

2 žlici rafiniranega rastlinskega olja

¼ čajne žličke mlete kumine

2 rdeča čilija, nalomljena na koščke

Ščepec asafetide

400g/14oz listov daikona*, sesekljan

300g/10oz chana dhal*, namočeno 1 uro

1 žlička jaggerja*, smej se

¼ čajne žličke kurkume

Sol po okusu

Metoda
- V ponvi segrejemo olje. Dodajte kumino, čili in asafetido.
- Pustite jih pršiti 15 sekund. Dodajte preostale sestavine. Dobro premešamo. Kuhajte na majhnem ognju 10-15 minut. Postrežemo ga vroče.

Chhole Aloo

(Carry s čičeriko in krompirjem)

Nosite 4

sestavine

500g/1lb 2oz čičerike, namočene čez noč

Ščepec sode bikarbone

Sol po okusu

1 liter/1¾ litra vode

3 žlice gheeja

2,5 cm/1 in ingverjeva korenina, julien

2 veliki čebuli, naribani, plus 1 majhna čebula, narezana na rezine

2 paradižnika, narezana na kocke

1 čajna žlička garam masala

1 čajna žlička mlete kumine, suho pražene (gl<u>kuharske tehnike</u>)

½ čajne žličke mletega zelenega kardamoma

½ žličke kurkume

2 velika krompirja, kuhana in narezana na kocke

2 žlici tamarind paste

1 žlica koriandrovih listov, sesekljanih

Metoda

- Čičeriko s sodo bikarbono, soljo in vodo kuhajte v ponvi na zmernem ognju 45 minut. Odcedimo in odstavimo.
- V ponvi segrejte ghee. Dodamo ingver in naribano čebulo. Pražite, dokler ne postekleni. Dodajte preostale sestavine, brez listov koriandra in narezane čebule. Dobro premešamo. Dodamo čičeriko in kuhamo 7-8 minut.
- Okrasite z listi koriandra in narezano čebulo. Postrežemo ga vroče.

Arašidov kari

Nosite 4

sestavine

1 čajna žlička makovih semen

1 čajna žlička koriandrovih semen

1 čajna žlička kuminovih semen

2 rdeči feferoni

25 g/svežega nastrganega kokosa

3 žlice gheeja

2 majhni čebuli, naribani

900 g/2 lb sesekljanih lešnikov

1 čajna žlička amchoorja*

½ žličke kurkume

1 velik paradižnik, blanširan in narezan

2 žlici jaggerja*, smej se

500 ml/16 fl oz vode

Sol po okusu

15 g/½ oz koriandrovih listov, sesekljanih

Metoda

- Mak, koriandrovo seme, kumino, čili in kokos zmeljemo v fino pasto. Dati na stran.
- V ponvi segrejte ghee. Dodajte čebulo. Pražite, dokler ne postekleni.
- Dodamo mlete testenine in preostale sestavine, razen koriandrovih listov. Dobro premešamo. Pustite vreti 7-8 minut.
- Okrasite z listi koriandra. Postrežemo ga vroče.

Upkari francoski fižol

(kokosova zrna)

Nosite 4

sestavine

1 žlica rafiniranega rastlinskega olja

½ čajne žličke gorčičnih semen

½ žličke urad dhal*

2-3 nalomljeni rdeči čili

500g/1lb 2oz francoskega fižola, sesekljan

1 žlička jaggerja*, smej se

Sol po okusu

25 g/svežega nastrganega kokosa

Metoda

- V ponvi segrejemo olje. Dodajte gorčična semena. Pustite jih pršiti 15 sekund.
- Dodajte dhal. Pražite do zlato rjave barve. Dodajte preostale sestavine brez kokosa. Dobro premešamo. Kuhajte na majhnem ognju 8-10 minut.
- Okrašena je s kokosom. Postrežemo ga vroče.

Karatey Ambadey

(Grenka buča in curry nezrel mango)

Nosite 4

sestavine

250g/9oz grenke buče*, narezano

Sol po okusu

60 g jaggerja*, smej se

1 čajna žlička rafiniranega rastlinskega olja

4 posušeni rdeči čiliji

1 žlička urad dhal*

1 čajna žlička semen piskavice

2 žlici koriandrovih semen

50 g/1¾oz svežega naribanega kokosa

¼ čajne žličke kurkume

4 majhni nezreli mango

Metoda

- Koščke grenke buče natremo s soljo. Odložite eno uro.
- Iz kosov buče iztisnite vodo. Kuhajte jih v ponvi z jaggerjem na srednjem ognju 4-5 minut. Dati na stran.
- V ponvi segrejemo olje. Dodajte rdeče čilije, dhal, triplat in koriandrova semena. Pražimo minuto. Dodamo grenčico in preostale sestavine. Dobro premešamo. Kuhajte na majhnem ognju 4-5 minut. Postrežemo ga vroče.

Kadhai Paneer

(Pikanten panir)

Nosite 4

sestavine

2 žlici rafiniranega rastlinskega olja

1 velika čebula, narezana na rezine

3 velike zelene paprike, drobno sesekljane

Plošča 500g/1lb 2oz*, narežemo na 2,5 cm/1 kose

1 paradižnik, drobno narezan

¼ čajne žličke mletega koriandra, suhega praženega (glejkuharske tehnike)

Sol po okusu

10 g/¼ oz koriandrovih listov, sesekljanih

Metoda

- V ponvi segrejemo olje. Dodajte čebulo in papriko. Na srednjem ognju pražimo 2-3 minute.
- Dodajte preostale sestavine razen koriandrovih listov. Dobro premešamo. Kuhajte na majhnem ognju 5 minut. Okrasite z listi koriandra. Postrežemo ga vroče.

Kathirikkai Vangi

(južnoindijski kari iz jajčevca)

Nosite 4

sestavine

150 g/5½ oz masoor dhal*

Sol po okusu

¼ čajne žličke kurkume

500 ml/16 fl oz vode

250 g/9 oz jajčevcev, narezanih na tanke rezine

1 čajna žlička rafiniranega rastlinskega olja

¼ čajne žličke gorčičnih semen

1 čajna žlička tamarind paste

8-10 curryjevih listov

1 žlička sambhar v prahu*

Metoda

- Masoor dhal zmešajte s soljo, ščepcem kurkume in polovico vode. Kuhajte v ponvi na srednjem ognju 40 minut. Dati na stran.
- V drugi kozici na zmernem ognju 20 minut kuhajte jajčevce s soljo in preostalo kurkumo ter vodo. Dati na stran.
- V ponvi segrejemo olje. Dodajte gorčična semena. Pustite jih pršiti 15 sekund. Dodajte preostale sestavine, dhal in jajčevce. Dobro premešamo. Pustite vreti 6-7 minut. Postrežemo ga vroče.

Pitla

(pikantni kari iz moke)

Nosite 4

sestavine

250g/9oz brezana*

500 ml/16 fl oz vode

2 žlici rafiniranega rastlinskega olja

¼ čajne žličke gorčičnih semen

2 veliki čebuli, drobno sesekljani

6 strokov česna, mletega

2 žlici tamarind paste

1 čajna žlička garam masala

Sol po okusu

1 žlica koriandrovih listov, sesekljanih

Metoda

- Zmešajte besan in vodo. Dati na stran.
- V ponvi segrejemo olje. Dodajte gorčična semena. Pustite jih pršiti 15 sekund. Dodajte čebulo in česen. Pražimo toliko časa, da čebula porjavi.
- Dodajte besan pasto. Kuhajte na majhnem ognju, dokler ne začne vreti.
- Dodajte preostale sestavine. Pustite vreti 5 minut. Postrežemo ga vroče.

Masala iz cvetače

Nosite 4

sestavine

1 večja cvetača, predhodno skuhana (glejkuharske tehnike) v slani vodi

3 žlice rafiniranega rastlinskega olja

2 žlici koriandrovih listov, drobno sesekljanih

1 čajna žlička mletega koriandra

½ čajne žličke mlete kumine

¼ čajne žličke mletega ingverja

Sol po okusu

120 ml/4 fl oz vode

Za omako:

200g/7oz jogurta

1 žlica besana*, suho pražena (glejkuharske tehnike)

¾ čajne žličke čilija v prahu

Metoda

- Cvetačo odcedimo in narežemo cvetove.
- V ponvi segrejemo 2 žlici olja. Dodamo cvetačo in pražimo na zmernem ognju, da porjavi. Dati na stran.
- Zmešajte vse sestavine za omako.
- V ponvi segrejte 1 žlico olja in dodajte to mešanico. Pražimo minuto.
- Pokrijte s pokrovko in kuhajte 8-10 minut.
- Dodamo cvetačo. Dobro premešamo. Pustite vreti 5 minut.
- Okrasite z listi koriandra. Postrežemo ga vroče.

Shukna Kacha Pepe

(Carry z zeleno papajo)

Nosite 4

sestavine

150g/5½oz chana dhal*, namočeno čez noč, odcejeno in zmleto v pasto

3 žlice ekstra rafiniranega rastlinskega olja za cvrtje

2 cela posušena rdeča čilija

½ čajne žličke semen piskavice

½ čajne žličke gorčičnih semen

1 nezrela papaja, olupljena in naribana

1 čajna žlička kurkume

1 žlica sladkorja

Sol po okusu

Metoda

- Dhal pasto razdelite na kroglice v velikosti oreha. Sploščite na tanke kolute.
- V ponvi segrejemo olje za cvrenje. Dodajte diske. Pražimo na srednjem ognju do zlato rjave barve. Odcedimo in nalomimo na majhne koščke. Dati na stran.
- V ponvi segrejte preostalo olje. Dodajte čili, triplat in gorčična semena. Pustite jih pršiti 15 sekund.
- Dodajte preostale sestavine. Dobro premešamo. Pokrijte s pokrovko in kuhajte na majhnem ognju 8-10 minut. Dodajte koščke dhal. Dobro premešamo in postrežemo.

Posušena okra

Nosite 4

sestavine

3 žlice gorčičnega olja

½ čajne žličke kalonji semen*

750g/1lb 10oz okra, prerezana po dolžini

Sol po okusu

½ žličke čilija v prahu

½ žličke kurkume

2 žlici sladkorja

3 žlice mlete gorčice

1 žlica tamarind paste

Metoda

- V ponvi segrejemo olje. Čebulo in okra semena pražimo 5 minut.
- Dodamo sol, čili v prahu, kurkumo in sladkor. Pokrijemo s pokrovom. Kuhajte na majhnem ognju 10 minut.
- Dodajte preostale sestavine. Dobro premešamo. Kuhajte 2-3 minute. Postrežemo ga vroče.

Moghlai cvetača

Nosite 4

sestavine

5 cm/2 in ingverjeve korenine

2 žlici kuminovih semen

6-7 zrn črnega popra

500 g/1 lb 2 unč cvetov cvetače

Sol po okusu

2 žlici gheeja

2 lovorjeva lista

200g/7oz jogurta

500 ml/16 fl oz kokosovega mleka

1 čajna žlička sladkorja

Metoda

- Ingver, semena kumine in poprova zrna zmeljemo v fino pasto.
- S to pasto in soljo mariniramo cvetove cvetače 20 minut.
- V ponvi segrejte ghee. Dodajte cvetove. Pražite do zlato rjave barve. Dodajte preostale sestavine. Dobro premešamo. Pokrijte s pokrovko in kuhajte 7-8 minut. Postrežemo ga vroče.

Bhapa Shorshe Baingan

(jajčevci v gorčični omaki)

Nosite 4

sestavine

2 dolga jajčevca

Sol po okusu

¼ čajne žličke kurkume

3 žlice rafiniranega rastlinskega olja

3 žlice gorčičnega olja

2-3 žlice že pripravljene gorčice

1 žlica koriandrovih listov, drobno sesekljanih

1-2 zelena čilija, drobno narezana

Metoda

- Vsak jajčevec po dolžini razrežite na 8-12 kosov. Marinirajte s soljo in kurkumo 5 minut.
- V ponvi segrejemo olje. Dodamo rezine jajčevca in pokrijemo s pokrovko. Kuhajte na srednjem ognju 3-4 minute in občasno obrnite.
- Gorčično olje stepemo s pripravljeno gorčico in dodamo jajčevcem. Dobro premešamo. Na srednjem ognju kuhamo eno minuto.
- Okrasite z listi koriandra in zelenimi čiliji. Postrežemo ga vroče.

Pečena zelenjava v pikantni omaki

Nosite 4

sestavine

2 žlici masla

4 stroki česna, drobno sesekljani

1 velika čebula, drobno sesekljana

1 žlica navadne bele moke

200g/7oz zamrznjene mešane zelenjave

Sol po okusu

1 čajna žlička čilija v prahu

1 čajna žlička gorčične paste

250 ml kečapa

4 veliki krompirji, kuhani in narezani

250 ml/8 fl oz bele omake

4 žlice naribanega sira Cheddar

Metoda

- V kozici segrejemo maslo. Dodajte česen in čebulo. Pražite, dokler ne postekleni. Dodamo moko in pražimo minuto.
- Dodajte zelenjavo, sol, čili v prahu, gorčično pasto in kečap. Kuhajte na srednjem ognju 4-5 minut. Dati na stran.
- Namastimo pekač. Zelenjavno mešanico in krompir izmenično razporedite po plasteh. Na vrh prelijemo belo omako in sir.
- Pečemo v pečici pri 200 °C (400 °F, plinska oznaka 6) 20 minut. Postrežemo ga vroče.

Okusen tofu

Nosite 4

sestavine

2 žlici rafiniranega rastlinskega olja

3 majhne čebule, naribane

1 čajna žlička ingverjeve paste

1 čajna žlička česnove paste

3 paradižniki, pretlačeni

50 g/1¾oz stepenega grškega jogurta

400 g tofuja, narezanega na 2,5 cm velike kose

25 g koriandrovih listov, drobno sesekljanih

Sol po okusu

Metoda

- V ponvi segrejemo olje. Dodajte čebulo, ingverjevo pasto in česnovo pasto. Pražimo 5 minut na srednji temperaturi.
- Dodajte preostale sestavine. Dobro premešamo. Pustite vreti 3-4 minute. Postrežemo ga vroče.

Aloo Baingan

(Carry s krompirjem in jajčevcem)

Nosite 4

sestavine

3 žlice rafiniranega rastlinskega olja

1 čajna žlička gorčičnih semen

½ čajne žličke asafetide

1 cm/½ palca korenine ingverja, drobno sesekljane

4 zelene čilije, prerezane po dolžini

10 strokov česna, drobno sesekljanega

6 curryjevih listov

½ žličke kurkume

3 veliki krompirji, kuhani in narezani na kocke

250 g narezanih jajčevcev

½ žličke amchoorja*

Sol po okusu

Metoda

- V ponvi segrejemo olje. Dodamo gorčična semena in asafetido. Pustite jih pršiti 15 sekund.
- Dodajte ingver, zelene čilije, česen in curryjeve liste. Med nenehnim mešanjem pražimo 1 minuto.
- Dodajte preostale sestavine. Dobro premešamo. Pokrijte s pokrovko in kuhajte 10-12 minut. Postrežemo ga vroče.

Kari iz sladkornega graha

Nosite 4

sestavine

500 g/1 lb 2 oz graha

2 žlici rafiniranega rastlinskega olja

1 čajna žlička ingverjeve paste

1 velika čebula, drobno sesekljana

2 velika krompirja, očiščena in narezana na kocke

½ žličke kurkume

½ čajne žličke garam masale

½ žličke čilija v prahu

1 čajna žlička sladkorja

2 velika paradižnika, narezana na kocke

Sol po okusu

Metoda

- Očistite vrvice z robov grahovih strokov. Stroke prerežemo. Dati na stran.
- V ponvi segrejemo olje. Dodajte ingverjevo pasto in čebulo. Pražite, dokler ne postekleni. Dodajte preostale sestavine in stroke. Dobro premešamo. Pokrijte s

pokrovko in kuhajte na majhnem ognju 7-8 minut. Postrežemo ga vroče.

Pumpkin Curry krompir

Nosite 4

sestavine

2 žlici rafiniranega rastlinskega olja

1 čajna žlička panch phoron*

Ščepec asafetide

1 suh rdeči čili, nalomljen na koščke

1 lovorjev list

4 veliki krompirji, narezani na kocke

200 g/7 oz buče, narezane na kocke

½ žličke ingverjeve paste

½ čajne žličke česnove paste

1 čajna žlička mlete kumine

1 čajna žlička mletega koriandra

¼ čajne žličke kurkume

½ čajne žličke garam masale

1 čajna žlička amchoorja*

500 ml/16 fl oz vode

Sol po okusu

Metoda

- V ponvi segrejemo olje. Dodajte panch phoron. Pustite jih pršiti 15 sekund.
- Dodamo asafetido, koščke feferona in lovorov list. Pražimo minuto.
- Dodajte preostale sestavine. Dobro premešamo. Pustite vreti 10-12 minut. Postrežemo ga vroče.

Jajce Thoran

(pikantno umešano jajce)

Nosite 4

sestavine

60 ml/2 fl oz rafiniranega rastlinskega olja

¼ čajne žličke gorčičnih semen

2 čebuli, drobno sesekljani

1 velik paradižnik, drobno narezan

1 čajna žlička sveže mletega črnega popra

Sol po okusu

4 jajca, pretepena

25 g/svežega nastrganega kokosa

50 g/1¾oz listov koriandra, sesekljanih

Metoda

- V kozici segrejemo olje in prepražimo gorčična semena. Pustite jih pršiti 15 sekund. Dodamo čebulo in pražimo do rjave barve. Dodajte paradižnik, poper in sol. Pražimo 2-3 minute.
- Dodajte jajca. Kuhajte na majhnem ognju, nenehno mešajte.
- Okrasite s kokosom in listi koriandra. Postrežemo ga vroče.

Baingan Lajawab

(jajčevci s cvetačo)

Nosite 4

sestavine

4 veliki jajčevci

2 žlici rafiniranega rastlinskega olja plus dodatek za cvrtje

1 čajna žlička kuminovih semen

½ žličke kurkume

2,5 cm/1 in zmlete korenine ingverja

2 zelena čilija, drobno narezana

1 čajna žlička amchoorja*

Sol po okusu

100 g/3½ oz zamrznjenega graha

Metoda

- Vsak jajčevec po dolgem prerežemo in izdolbemo meso.
- Segrejte olje. Dodajte lupine jajčevca. Pražimo 2 minuti. Dati na stran.
- V ponvi segrejte 2 žlici olja. Dodamo semena kumine in kurkumo. Pustite jih pršiti 15 sekund. Dodajte preostale sestavine in pulpo jajčevca. Nežno pretlačite in kuhajte na majhnem ognju 5 minut.
- S to mešanico previdno napolnimo lupine jajčevcev. Pečemo na žaru 3-4 minute. Postrežemo ga vroče.

Zelenjavna pomlad

(zelenjava v orehovi omaki)

Nosite 4

sestavine

3 žlice rafiniranega rastlinskega olja

1 velika čebula, drobno sesekljana

2 velika paradižnika, drobno narezana

1 čajna žlička ingverjeve paste

1 čajna žlička česnove paste

20 mletih indijskih oreščkov

2 žlici mletih orehov

2 žlici makovih semen

200g/7oz jogurta

100 g/3½ oz zamrznjene mešane zelenjave

1 čajna žlička garam masala

Sol po okusu

Metoda

- V ponvi segrejemo olje. Dodajte čebulo. Pražimo na srednjem ognju, dokler ne porjavijo. Dodajte paradižnik, ingverjevo pasto, česnovo pasto, indijske oreščke, orehe in mak. Pražimo 3-4 minute.
- Dodajte preostale sestavine. Kuhajte 7-8 minut. Postrežemo ga vroče.

Polnjena zelenjava

Nosite 4

sestavine

4 majhni krompirji

100 g okra

4 majhni jajčevci

4 žlice rafiniranega rastlinskega olja

½ čajne žličke gorčičnih semen

Ščepec asafetide

Za nadev:

250g/9oz brezana*

1 čajna žlička mletega koriandra

1 čajna žlička mlete kumine

½ žličke kurkume

1 čajna žlička čilija v prahu

1 čajna žlička garam masala

Sol po okusu

Metoda

- Zmešajte vse sestavine za nadev. Dati na stran.
- Krompir, okra in jajčevec narežemo. Napolnite z nadevom. Dati na stran.
- V ponvi segrejemo olje. Dodamo gorčična semena in asafetido. Pustite jih pršiti 15 sekund. Dodajte nadevano zelenjavo. Pokrijte s pokrovko in kuhajte na majhnem ognju 8-10 minut. Postrežemo ga vroče.

Singhi Aloo

(Krompirjevi bobni)

Nosite 4

sestavine

5 žlic rafiniranega rastlinskega olja

3 majhne čebule, drobno sesekljane

3 zeleni čiliji, drobno narezani

2 velika paradižnika, drobno narezana

2 žlici mletega koriandra

Sol po okusu

5 indijskih palčk*, narežemo na 7,5 cm/3 in velike kose

2 velika krompirja, narezana

360 ml/12 fl oz vode

Metoda

- V ponvi segrejemo olje. Dodamo čebulo in čili papriko. Na majhnem ognju jih pražimo minuto.
- Dodamo paradižnik, mleti koriander in sol. Pražimo 2-3 minute.
- Dodajte palčke, krompir in vodo. Dobro premešamo. Pustite vreti 10-12 minut. Postrežemo ga vroče.

Sindhi Curry

Nosite 4

sestavine

150 g/5½ oz masoor dhal*

Sol po okusu

1 liter/1¾ litra vode

4 paradižniki, drobno narezani

5 žlic rafiniranega rastlinskega olja

½ žličke kuminovih semen

¼ čajne žličke semen piskavice

8 curryjevih listov

3 zelene čilije, prerezane po dolžini

¼ čajne žličke asafetide

4 žlice fižola*

½ žličke čilija v prahu

½ žličke kurkume

8 okra, razcepljenih po dolžini

10 francoskih fižolov, narezanih na kocke

6-7 kokumov*

1 velik korenček, julien

1 velik krompir, narezan na kocke

Metoda

- Zmešajte dhal s soljo in vodo. To mešanico kuhajte v ponvi na zmernem ognju 45 minut in občasno premešajte.
- Dodajte paradižnik in kuhajte 7-8 minut. Dati na stran.
- V ponvi segrejemo olje. Dodajte semena kumine in triplata, liste karija, čilije in asafetido. Pustite jih pršiti 30 sekund.
- Dodajte besan. Med stalnim mešanjem pražimo minuto.
- Dodajte preostale sestavine in mešanico dhal. Dobro premešaj. Pustite vreti 10 minut. Postrežemo ga vroče.

Gulnar Kofta

(Paneer kroglice v špinači)

Nosite 4

sestavine

150 g/5½ oz mešanega suhega sadja

200 g/7 oz khoya*

4 veliki krompirji, kuhani in pretlačeni

150 g/5½ oz*, razbito

100 g/3½ oz sira Cheddar

2 žlici koruzne moke

Rafinirano rastlinsko olje za globoko cvrtje

2 žlici masla

100 g/3½ oz špinače, drobno sesekljane

1 čajna žlička navadne smetane

Sol po okusu

Za mešanico začimb:

2 nageljnove žbice

1 cm/½ v cimetu

3 zrna črnega popra

Metoda

- Zmešajte suho sadje s khoyo. Dati na stran.
- Zmeljemo vse sestavine začimbne mešanice. Dati na stran.
- Krompir, paneer, sir in koruzni zdrob zmešajte v testo. Testo razdelite na kroglice v velikosti oreha in jih sploščite v kolute. Na vsak disk položite del mešanice suhega sadja in khoje in zaprite kot vrečko.
- Zgladite v kroglice v velikosti oreha, da naredite kofte. Dati na stran.
- V ponvi segrejemo olje. Dodamo kofte in jih na srednji temperaturi pražimo do zlato rjave barve. Odcedite in odložite v servirno skledo.
- V kozici segrejemo maslo. Dodamo zmleto mešanico začimb. Pražimo minuto.
- Dodamo špinačo in kuhamo 2-3 minute.
- Dodamo smetano in sol. Dobro premešamo. S to mešanico prelijemo kofte. Postrežemo ga vroče.

Paneer Korma

(Rich Paneer Curry)

Nosite 4

sestavine

Plošča 500g/1lb 2oz*

3 žlice rafiniranega rastlinskega olja

1 velika čebula, sesekljana

2,5 cm/1 in ingverjeva korenina, julien

8 strokov česna, mletega

2 zelena čilija, drobno narezana

1 velik paradižnik, drobno narezan

¼ čajne žličke kurkume

½ čajne žličke mletega koriandra

½ čajne žličke mlete kumine

1 čajna žlička čilija v prahu

½ čajne žličke garam masale

125 g jogurta

Sol po okusu

250 ml/8 fl oz vode

2 žlici koriandrovih listov, drobno sesekljanih

Metoda

- Polovico deske naribajte, preostanek pa narežite na 2,5 cm velike kose.
- V ponvi segrejemo olje. Dodajte dele plošče. Na srednjem ognju jih pražimo toliko časa, da postanejo zlato rjave barve. Odcedimo in odstavimo.
- Na istem olju na zmernem ognju 2-3 minute pražimo čebulo, ingver, česen in zeleno papriko.
- Dodajte paradižnik. Pražimo 2 minuti.
- Dodajte kurkumo, mleti koriander, mleto kumino, čili v prahu in garam masalo. Dobro premešamo. Pražimo 2-3 minute.
- Dodajte jogurt, sol in vodo. Dobro premešamo. Pustite vreti 8-10 minut.
- Dodajte ocvrte koščke paneerja. Dobro premešamo. Pustite vreti 5 minut.
- Okrasite z naribanim paneerjem in listi koriandra. Postrežemo ga vroče.

Krompirjev čatni

Nosite 4

sestavine

100 g/3½ oz koriandrovih listov, drobno narezanih

4 zeleni čiliji

2,5 cm/1 in ingverjeve korenine

7 strokov česna

25 g/svežega nastrganega kokosa

1 žlica limoninega soka

1 čajna žlička kuminovih semen

1 čajna žlička koriandrovih semen

½ žličke kurkume

½ žličke čilija v prahu

Sol po okusu

750g/1lb 10oz velikega krompirja, olupljenega in narezanega na kocke

4 žlice rafiniranega rastlinskega olja

¼ čajne žličke gorčičnih semen

Metoda

- Zmešajte liste koriandra, zelene čilije, ingver, česen, kokos, limonin sok, kumino in koriandrova semena. To mešanico zmeljemo v fino pasto.
- To pasto zmešajte s kurkumo, čilijem v prahu in soljo.
- S to mešanico marinirajte krompir 30 minut.
- V ponvi segrejemo olje. Dodajte gorčična semena. Pustite jih pršiti 15 sekund.
- Dodajte krompir. Na nizkem ognju jih kuhamo 8-10 minut, občasno premešamo. Postrežemo ga vroče.

Lobi

(Curry Black Eyed Peas)

Nosite 4

sestavine

400 g črnega graha, namočenega čez noč

Ščepec sode bikarbone

Sol po okusu

1,4 litra/2½ litra vode

1 velika čebula

4 stroki česna

3 žlice gheeja

2 žlici mletega koriandra

1 čajna žlička mlete kumine

1 čajna žlička amchoorja*

½ čajne žličke garam masale

½ žličke čilija v prahu

¼ čajne žličke kurkume

2 paradižnika, narezana na kocke

3 zeleni čiliji, drobno narezani

2 žlici koriandrovih listov,

drobno sesekljan

Metoda

- Črni grah zmešajte s sodo bikarbono, soljo in 1,2 litra/2 litra vode. To mešanico kuhajte v ponvi na zmernem ognju 45 minut. Odcedimo in odstavimo.
- Čebulo in česen zmeljemo v pasto.
- V ponvi segrejte ghee. Dodamo pasto in jo pražimo na srednjem ognju, da porjavi.
- Dodamo kuhan črni grah, preostalo vodo in vse preostale sestavine razen koriandrovih listov. Pustite vreti 8-10 minut.
- Okrasite z listi koriandra. Postrežemo ga vroče.

Zelenjavna Khatta Meetha

(sladka in kisla zelenjava)

Nosite 4

sestavine

1 žlica moke

1 žlica sladnega kisa

2 žlici sladkorja

50g/1¾oz zelja, drobno narezanega na dolge trakove

1 velika zelena paprika, narezana na trakove

1 večji korenček, narezan na trakove

50g/1¾oz francoskega fižola, obreženega in sesekljanega

100 g/3½ oz mlade koruze

1 žlica rafiniranega rastlinskega olja

½ žličke ingverjeve paste

½ čajne žličke česnove paste

2-3 zeleni čiliji, drobno narezani

4-5 mladih čebulic, drobno sesekljanih

125 g/4½ oz paradižnikove mezge

120 ml kečapa

Sol po okusu

10 g/¼ oz koriandrovih listov, drobno sesekljanih

Metoda

- Moko zmešamo s kisom in sladkorjem. Dati na stran.
- Zmešajte zelje, zeleno papriko, korenček, fižol in koruzo. Para (glej[kuharske tehnike](#)) to zmes v parni pečici 10 minut. Dati na stran.
- V ponvi segrejemo olje. Dodajte ingverjevo pasto, česnovo pasto in čilije. Pražimo 30 sekund.
- Dodajte mlado čebulo. Pražimo 1-2 minuti.
- Dodamo poparjeno zelenjavo in paradižnikovo mezgo, kečap in sol. Kuhajte na majhnem ognju 5-6 minut.
- Dodajte pasto iz moke. Kuhajte 3-4 minute.
- Okrasite z listi koriandra. Postrežemo ga vroče.

Dahiwale Chhole

(čičerika v jogurtovi omaki)

Nosite 4

sestavine

500g/1lb 2oz čičerike, namočene čez noč

Ščepec sode bikarbone

Sol po okusu

1 liter/1¾ litra vode

3 žlice gheeja

2 veliki čebuli, naribani

1 čajna žlička ingverja, naribanega

150 g jogurta

1 čajna žlička garam masala

1 čajna žlička mlete kumine, suho pražene (gl kuharske tehnike)

½ žličke čilija v prahu

¼ čajne žličke kurkume

1 čajna žlička amchoorja*

½ čajne žličke indijskih oreščkov

½ čajne žličke rozin

Metoda

- Čičeriko zmešajte s sodo bikarbono, soljo in vodo. To mešanico kuhajte v ponvi na zmernem ognju 45 minut. Odcedimo in odstavimo.
- V ponvi segrejte ghee. Dodajte čebulo in ingver. Na zmernem ognju jih pražimo toliko časa, da čebula postekleni.
- Dodajte čičeriko in ostale sestavine razen indijskih oreščkov in rozin. Dobro premešamo. Kuhajte na majhnem ognju 7-8 minut.
- Okrasite z indijskimi oreščki in rozinami. Postrežemo ga vroče.

www.ingramcontent.com/pod-product-compliance
Lightning Source LLC
Chambersburg PA
CBHW071904110526
44591CB00011B/1539